Aargauer Wanderbuch

Aargau

44 Routenbeschreibungen mit Höhenprofilen, Routenkarte,
heimatkundlichen Notizen und Bildern
Herausgeber: Aargauer Wanderwege
Bearbeiter: Alex Eichenberger, René Lehner, Max Werder

Inhalt

- 4 Satellitenbild des Aargaus
- 6 Vorwort
- 10 Übersichtskarte 1:600 000
- 12 Routenverzeichnis
- 14 Routenkarte 1:285 000 ~
- 17 Markierung der Wanderwege

Routenbeschreibungen:
- 18 Uferwege, Routen 1–9
- 40 Über Höhen und von Tal zu Tal, nördlich von Aare/Limmat, Routen 10–26
- 80 Über Höhen und von Tal zu Tal, südlich von Aare/Limmat, Routen 27–44
- 124 Lohnenswerte Rundwanderungen
- 125 Heimatkundliche Notizen
- 131 Ausgrabungen Kaiseraugst und Augst
- 132 Touristische Informationen
- 134 Register
- 136 Verzeichnis der Wanderbücher, Wanderkarten Velokarten

Redaktion: Aargauer Wanderwege. Profile: René Lehner
Bilder: Heinz Fröhlich, Erich Kessler, Kantonale Denkmalpflege,
Aargauische Verkehrsvereinigung, Alex Eichenberger, René Lehner.
Satellitenbild: Aargauische Kantonalbank. Zeichnungen: Werner Kottwitz.
Routenkarte: reproduziert mit Bewilligung des Bundesamtes für Landestopographie vom 5.´.95
© Kümmerly + Frey, Geographischer Verlag, Bern. Ausgabe 1995
Printed in Switzerland ISBN 3-259-03663-6

◀ **Umschlagbild: Schloss Hallwil** ist eine der imposantesten Wasserburgen der Schweiz. Seit der Erbauung ist das Schloss im Besitz der Familie Hallwil. 1994 ist das Schloss Hallwil vom Kanton Aargau übernommen worden. Es beherbergt sehr sehenswerte Innenausstattungen (Route 5).

▶ Das «**aargauische Wasserschloss**»: Flugaufnahme des Zusammenflusses von Aare, Reuss und Limmat. Diese zentrale aargauische Flusslandschaft ist durch grossrätliches Dekret vom 28. Februar 1989 geschützt (Route 4).

▶▶ «**Verkehrsgeographische Drehscheibe**» wird der Aargau genannt. Die meisten «erfahren» den Kanton ausschliesslich im Städteschnellzug oder auf der Autobahn. Zu Unrecht, wie das Satellitenbild zeigt: Abwechslungsreiche geographische Strukturen lassen lohnende Wanderziele erahnen.

Vorwort

Aargauer Wanderwege

Der Aargau darf sich zu den Pionieren der schweizerischen Wanderwegbewegung zählen. Schon 1935 wurde die Vereinigung «Aargauer Wanderwege» gegründet. Sie begann aufgrund eines ausgearbeiteten Konzeptes mit der Kennzeichnung von Wanderrouten. Seither ist ein über den ganzen Kanton verteiltes Netz von 1500 km markierten Wanderwegen entstanden. Diese werden auch nach Inkrafttreten des Bundesgesetzes über Fuss- und Wanderwege von unserer Vereinigung betreut. Im Auftrag des Kantons bemühen wir uns um eine möglichst lückenlose Markierung und um die Verlegung von verstrassten Routenabschnitten auf fussgängerfreundliche Wege.

Es war und bleibt unsere Aufgabe: Lückenlose Markierung und Karte sollen den Wanderer sein Ziel finden lassen.

Eine Auswahl von 44 Routenbeschreibungen soll dem interessierten Wanderer erleichtern, den vielgestaltigen Aargau näher kennenzulernen. Viele heimatkundliche Hinweise im weitesten Sinne mögen dazu ermuntern. Erwandern Sie den Aargau, das «Land der Ströme», auf den Uferwegen, durch den Jura und im Mittelland von Tal zu Tal. Wir wünschen Ihnen viel Vergnügen. Erholen Sie sich durch Wandern vom Alltagsstress.

Dr. Max Werder
a. Präsident Aargauer Wanderwege

Zur 2. Auflage

Die Vorfreude und das Wandern im Aargau macht noch mehr Spass mit der 1994 erschienenen, vollständig überarbeiteten neuen Aargauer Wanderkarte mit Bahn- und Busnetz. Das neue Kartenwerk hilft nicht nur den Aargau gut zu erwandern, sondern ihn auch richtig zu «erfahren». Die Neuauflage des Wanderbuches wolle wieder gute Aufnahme finden.

Dr. Eugen Kaufmann, Präsident
Aargauer Wanderwege

▶ **Vielgestaltige Landschaften laden zu abwechslungsreichen Wanderungen ein. Im Vordergrund die Ruine Schenkenberg. Obwohl von den Habsburgern gegründet, diente die Burg dem Gründergeschlecht jedoch nie als Wohnsitz, vielmehr hausten hier ab 1460 vorübergehend Berner Landvögte. Die Burganlage – vor dem Zerfall eine der bedeutendsten des Kantons – ist heute Eigentum des Aargauer Heimatschutzes. Von der imposanten Ruine schweift der Blick durchs Schenkenbergertal ins Aaretal und Mittelland (Route 18).**

◀ Anlässlich der Reusstal-Sanierung entstand 1975 ob Bremgarten der gestaute Flachsee und an seinen Ufern ein bedeutendes Naturschutzreservat. Die Auenwälder und Feuchtbiotope am See sind Brut-, Rast- und Überwinterungsplatz für zahlreiche geschützte Vogelarten (Route 7).

▲ Während der trüben Spätherbst- und Wintertage bietet der Stierenberg, die höchste Erhebung im aargauischen Mittelland, beeindruckende Fernsicht über das Nebelmeer hinweg. Aber auch während der warmen Jahreszeit lohnt sich eine Stierenberg-Rundwanderung (Route 35).

Übersichtskarte 1 : 600 000

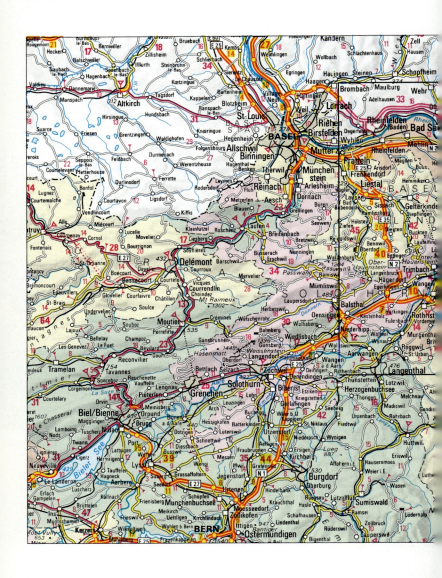

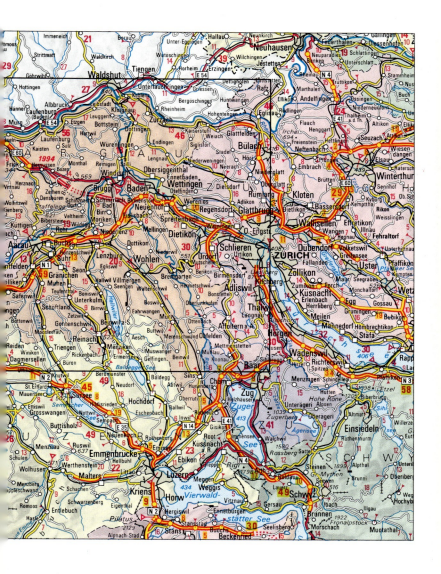

Routenverzeichnis 12

Die Gliederung des Routenverzeichnisses nach Bezirken oder in Jura und Mittelland erscheint nicht zweckmässig. Die Aufteilung erfolgt daher in *Uferwege* – typisch für den Aargau als Wasserkanton – und in *Wanderungen über Höhen und von Tal zu Tal nördlich und südlich von Aare/Limmat*. In den Marschzeiten sind keine Rastzeiten eingerechnet.

Uferwege	Zeit	Seite
1 Rheinfelden–Wallbach–Stein-Säckingen	4 Std. 45 Min.	18
2 Koblenz–Zurzach–Weiach-Kaiserstuhl	5 Std. 25 Min.	20
3 Aarau–Bad Schinznach–Brugg	4 Std. 40 Min.	23
4 Brugg–Vorder Rein–Beznau–Koblenz	4 Std. 30 Min.	26
5 Schloss Hallwil–Aesch–Beinwil am See–Schloss Hallwil	5 Std.	28
6 Mellingen–Gnadental–Bremgarten	3 Std. 35 Min.	30
7 Bremgarten–Brücke Rottenschwil–Althäusern–Muri	3 Std. 20 Min.	32
8 Bremgarten–Brücke Werd–Sins	5 Std. 45 Min.	34
9 Baden–Killwangen Brücke–Zürich Hardturm	5 Std. 40 Min.	36

Über Höhen und von Tal zu Tal, nördlich von Aare/Limmat

10 Aarau–Schafmatt–Gelterkinden	6 Std.	40
11 Aarau–Bänkerjoch–Frick	4 Std. 30 Min.	42
12 Staffelegg–Wasserflue–Geissflue–Hauenstein	6 Std.	44
13 Rheinfelden–Stift Olsberg–Liestal	4 Std. 25 Min.	47
14 Magden–Kaiseraugst	1 Std. 55 Min.	49
15 Rheinfelden–Sunnenberg–Maisprach–Gelterkinden	4 Std. 45 Min.	50
16 Frick–Farnsburg–Gelterkinden	4 Std. 55 Min.	52
17 Frick–Tiersteinberg–Wittnau	3 Std.	54
18 Wildegg–Gisliflue–Staffelegg	3 Std.	58
19 Brugg–Linn–Staffelegg	4 Std. 15 Min.	59
20 Brugg–Schinberg–Laufenburg	5 Std. 15 Min.	61
21 Villigen–Geissberg Chameren–Laubberg–Wil	3 Std. 30 Min.	63
22 Baden–Endingen–Koblenz	6 Std.	65
23 Baden–Niederweningen–Kaiserstuhl	4 Std. 20 Min.	68
24 Baden–Lägeren–Dielsdorf	4 Std.	71
25 Zurzach–Acheberg–Döttingen-Klingnau	1 Std. 50 Min.	73
26 Zurzach–Ober-Baldingen–Niederweningen	4 Std. 5 Min.	74

Über Höhen und von Tal zu Tal, südlich von Aare/Limmat

		Zeit	Seite
27	Aarau–Engelberg–Aarburg	4 Std. 35 Min.	80
28	Zofingen–Sälischlössli–Olten	3 Std. 15 Min.	82
29	Zofingen–Ober Sennhof–St. Urban	3 Std. 15 Min.	84
30	Zofingen–Bottenwil–Schöftland	3 Std.	86
31	Brugg–Schloss Habsburg–Schloss Wildegg – Wildegg	2 Std. 50 Min.	88
32	Wildegg–Chestenberg–Mellingen	3 Std. 20 Min.	90
33	Reinach–Schiltwald–Schöftland	4 Std. 10 Min.	92
34	Reinach–Homberg–Dürrenäsch–Aarau	6 Std. 30 Min.	95
35	Rundwanderweg Stierenberg	2 Std. 50 Min.	98
36	Schöftland–Teufenthal–Lenzburg	4 Std. 40 Min.	100
37	Lenzburg–Birr–Schloss Habsburg	3 Std. 45 Min.	103
38	Lenzburg–Eichberg–Schloss Hallwil	3 Std.	106
39	Schloss Hallwil–Bettwil–Horben	4 Std. 50 Min.	108
40	Bremgarten–Hägglingen–Meiengrüen	3 Std.	111
41	Mellingen–Egelsee–Dietikon	3 Std. 45 Min.	113
42	Baden–Hasenberg–Bremgarten	4 Std. 50 Min.	116
43	Muri–Oberschongau–Reinach	4 Std. 30 Min.	119
44	Muri–Jonen–Affoltern a. A.	3 Std. 25 Min.	122

Stationen des öffentlichen Verkehrs werden mit folgenden Symbolen vermerkt:

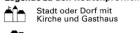

Bahnstation   Standseilbahn   Sesselbahnstation
Bus- oder Poststation   Luftseilbahn- oder Gondelbahnstation

Legende zu den Routenprofilen:

Stadt oder Dorf mit Kirche und Gasthaus   Gasthaus   Rebberg

Weiler   Kirche   Wald

Einzelgebäude   Kapelle   Aussichtspunkt

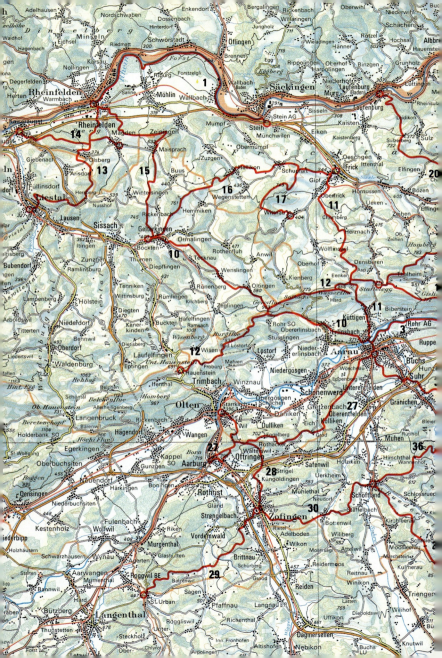

Die Markierung der Wander- und Bergrouten

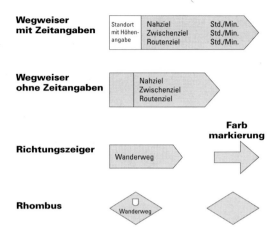

Wegweiser mit Zeitangaben

Wegweiser ohne Zeitangaben

Richtungszeiger

Rhombus

Farbmarkierung

Die Markierung der **Wanderrouten** in der Schweiz und im Fürstentum Liechtenstein ist einheitlich und geschieht nach den von den «Schweizer Wanderwegen» aufgestellten Richtlinien. Sie besteht aus Wegweisern mit oder ohne Zeitangabe, Richtungszeigern, Rhomben und Farbmarkierungen.

Die angegebenen Marschzeiten basieren auf einer durchschnittlichen Leistung von 4,2 km in der Stunde auf flachem, gut begehbarem Gelände. Abweichungen bei Steigungen, Gefälle oder schwierigem Gelände sind mitberücksichtigt. Rastzeiten sind nicht eingerechnet.

Die Markierung der **Jurahöhenwege** erfolgt durch: gelbe Wegweiser mit rot/gelber Spitze; Richtungszeiger mit der Aufschrift Höhenweg und rot/gelber Spitze sowie mit rot/gelben Rhomben und rot/gelben Farbpfeilen.

Die Markierung der **Bergrouten** unterscheidet sich von derjenigen der Wanderrouten durch die weiss-rot-weisse Spitze des Wegweisers. Richtungszeiger, Rhombus und Farbmarkierung sind weiss-rot-weiss.
Bergrouten stellen grössere Anforderungen an den Wanderer: Bergtüchtigkeit, besondere Vorsicht, wetterfeste Kleidung und geeignetes Schuhwerk mit griffigen Sohlen.

◀ **Die Hallwiler Seelandschaft aus der Luft**, Blick von Süden nach Norden; im Vordergrund liegt Mosen LU. Bildmitte und Hintergrund zeigen einen Ausschnitt aus dem Wandergebiet im aargauischen Mittelland. Der See und sein Umgelände, bekannt unter dem Namen «aargauische Visitenstube», sind seit Jahrzehnten unter Schutz gestellt. Erste Vorschriften von 1935 sorgten dafür, dass am See keine Neubauten mehr entstanden. Auf aargauischem Gebiet verläuft heute ein beinahe durchgehender Uferweg. In der Gegend von Alliswil–Boniswil liegt am Ufer ein bedeutendes Naturschutzreservat; hier verläuft der Wanderweg in leicht erhöhter prächtiger Aussichtslage abseits vom See (Route 5).

Uferwege

1 Rheinfelden–Wallbach–Stein-Säckingen

Mühelose Tageswanderung entlang dem Rhein, vorwiegend im Wald, mit sehr wenig Festbelag. Teilstück des durchgehenden Rheinuferweges Birsfelden–Eglisau sowie der Hochrheinroute Basel–Schaffhausen–Rorschach.

Route	Höhe in m	Hinweg	Rückweg
Rheinfelden 🚂 🚌	285	–	4 Std. 45 Min.
Kraftwerk			
Ryburg-Schwörstadt	285	1 Std. 25 Min.	3 Std. 15 Min.
Rappertshüseren	290	2 Std. 25 Min.	2 Std. 15 Min.
Wallbach	285	3 Std. 40 Min.	1 Std.
Mumpf Abzw. Bhf.	285	3 Std. 50 Min.	50 Min.
Mumpf Fähre	286	4 Std. 10 Min.	35 Min.
Stein-Säckingen 🚂 🚌	311	4 Std. 45 Min.	–

Der Kanton Aargau hat frühzeitig die Uferlandschaft längs des Rheines von der Grenze gegen Zürich bis zur Grenze mit Baselland durch regierungsrätliche Verordnung vom 16. April 1948 unter Schutz gestellt. Danach sind in der Wasserzone sowie in der Sperrzone am Land wesentliche Veränderungen nur noch ausnahmsweise gestattet, wobei die Uferwege nicht beeinträchtigt werden dürfen. Dadurch waren die Voraussetzungen für die Anlage und die spätere Markierung eines durchgehenden, möglichst am Fluss oder in dessen unmittelbarer Nähe verlaufenden Wanderweges gegeben.

Wir beginnen unsere Wanderung beim Wegweiserstandort auf der Ostseite des Bahnhofes *Rheinfelden* (S. 129). Von hier weist uns die Zwischenmarkierung den Weg: Durch die Bahnhofstrasse, über das Ölwegli zur Schifflände, dann am Brückenkopf vorbei in die verkehrsfreie Altstadt mit Marktgasse, Kupfergasse und Storchennestturm zum Kurpark und über den Rheinweg ans Flussufer.

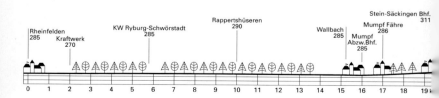

Jenseits des Stromes liegen das Kraftwerk Rheinfelden und Industriebauten. Die sogenannte Kraftwerkbrücke ermöglicht Fussgängern und Radfahrern tagsüber den Grenzübertritt. Wir streifen das Areal der alten Saline Rheinfelden und freuen uns über den nunmehr abwechselnd unmittelbar am Ufer und dann wieder auf der Hochterrasse über dem Strom im prächtigen Wald verlaufenden Wanderpfad. Unterhalb des Stauwehrs für das Kraftwerk Rheinfelden haben wir interessante Einblicke in das «Gwild» genannte Flussbett aus Muschelkalk, das bei Niedrigwasser weitgehend trokken ist. Nach dem Stauwehr wechselt der Weg am Ufer auf die Hochterrasse; interessante Durchblicke auf das badische Ufer mit dem Schloss Beuggen, einer ehemaligen Kommende des Deutschen Ritter-Ordens.
Durch das im Flussbogen liegende Heimeholz erreichen wir die Sperrstelle des *Kraftwerkes Ryburg-Schwörstadt*. In der gepflegten Parkanlage lässt sich bequem rasten. Nachdem wir uns gestärkt haben, umgehen wir die Mündung des Möhlin-Baches mit Kläranlage und gelangen an den Überresten eines spätrömischen Kastells vorbei wieder an das Flussufer. Weiter geht es auf belagsfreien Waldsträsschen und Fusswegen, vorbei an der Hütte der Fischerzunft Möhlin-Riburg durch den ausgedehnten Unterforst über die Weggabel *Rappertshüseren* Richtung Wallbach. Am Wanderweg und in seiner Nähe liegen die konservierten Überreste der spätrömischen Befestigungsanlage längs des Rheines zur Abwehr der nach Süden drängenden Alemannen. Besonders eindrücklich sind die mächtigen Grundmauern mit einer Fläche von 16×16 m im Stelli unmittelbar vor dem Waldaustritt bei *Wallbach*.
Dieses ehemalige Fischerdorf hat sich als Folge der Industrialisierung des Fricktales zur Wohngemeinde gewandelt. Unser Wanderweg verläuft am Ostrand eines neuen Wohnquartiers, teils als Fussweg, teils auf einem Quartiersträsschen. Wir erreichen die *Abzweigung Mumpf Bhf.* und nach weiteren rund 20 Min. die nur unregelmässig betriebene *Fähre Mumpf*. Eine kurze Besichtigung des ehemaligen Fischerdorfes mit Pfarrkirche aus dem 17. Jh. und Turm von 1514 lohnt sich. Wir wandern weiter stromaufwärts und umgehen Strandbad und Campingplatz Mumpf. Jenseits des Rheines die badische Stadt Säckingen mit dem zweitürmigen Fridolinsmünster, im Hintergrund der Schwarzwald. 400 m vor der neuen Strassenbrücke – die alte Holzbrücke liegt weiter stromaufwärts – biegen wir nach rechts ab, folgen der Markierung autofrei und gelangen durch die Unterführung zum Bahnhof *Stein-Säckingen*.

Abzweigungen
a) Abzw. Bachtele–Möhlin 🚋 🚌 30 Min.
b) Mumpf Abzw. Bahnhof–Mumpf 🚋 🚌 10 Min.

Uferwege 20

2 Koblenz–Zurzach–Weiach-Kaiserstuhl

Interessante Uferwanderung von der Aaremündung rheinaufwärts bis zur Kantonsgrenze Zürich, vorwiegend im Wald und über Feld, wenig Festbelag. Teilstück des durchgehenden Rheinuferweges Birsfelden–Eglisau sowie der Hochrheinroute Basel–Schaffhausen–Rorschach (S. 18, Aargauer Rheinuferschutzverordnung).

Route	Höhe in m	Hinweg	Rückweg
Koblenz 🚂 🚌	320	–	5 Std. 25 Min.
Koblenz Dorf	314	25 Min.	5 Std.
Barz Fähre	321	1 Std. 40 Min.	3 Std. 45 Min.
Zurzach Rheinufer	330	2 Std. 10 Min.	3 Std. 15 Min.
Rekingen Rheinufer (West)	330	2 Std. 55 Min.	2 Std. 30 Min.
Mellikon Rheinufer Abzw. Bhf.	340	3 Std. 25 Min.	2 Std.
Rümikon–Mellikon	350	3 Std. 45 Min.	1 Std. 40 Min.
Rümikon Rheinufer	330	4 Std.	1 Std. 25 Min.
Kaiserstuhl Brücke	339	5 Std. 10 Min.	15 Min.
Weiach–Kaiserstuhl 🚂 🚌	368	5 Std. 25 Min.	–

Der Bahnhof Koblenz ist Ausgangspunkt verschiedener Wanderwege. Unsere Route führt vom Wegweiserstandort einige hundert Meter nordwärts, entlang den Gleisanlagen und der Landstrasse zur Unterführung unter der Bahnlinie Koblenz–Eglisau in den angrenzenden Wald und unter dem Viadukt der hochgelegenen Bahnlinie Waldshut–Koblenz hindurch. Die Markierung weist uns den Weg in den alten *Dorfkern von Koblenz,* einem ehemaligen Fischer- und Flösserdorf. Wir achten gut auf die Markierung, queren die Hauptstrasse und erreichen den frei strömenden Rhein. Von hier weg wandern wir bis Kaiserstuhl Brücke auf dem eigentlichen Rheinuferweg. Dieser verläuft sehr abwechslungsreich: Abschnitte direkt am Strom mit vorerst parkartigem Baumbestand und anschliessendem Laubwald wech-

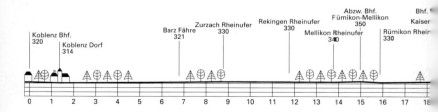

seln mit Teilstücken auf der Hochterrasse. Von hier aus prächtige Durchblikke, vor allem im Frühling und Spätherbst, auf den Strom und das gegenüberliegende deutsche Ufer. Sitzbänke, Rastplätze und Aussichtspunkte laden zum Verweilen ein, ebenso die gut konservierten Überreste des spätrömischen Beobachtungs- und Abwehrsystems gegen die nach Süden drängenden Alemannen. An die jüngste Vergangenheit erinnern zahlreiche Bunker des schweizerischen Abwehrdispositivs im Zweiten Weltkrieg.

Oberhalb von Koblenz wandern wir hoch über dem eindrucksvollsten Abschnitt am aargauischen Hochrhein, dem seit Jahrtausenden unveränderten Koblenzer Laufen. Hier strömt der Rhein über eine den Fluss querende Kalksteinplatte – ein grossartiges, je nach Wasserführung wechselndes Naturschauspiel. Dieses bleibt der Nachwelt erhalten, seit im Hinblick auf die Errichtung von Kernkraftwerken auf den Bau des Wasserkraftwerkes Koblenz-Kadelburg verzichtet wurde. Der Wanderweg quert einen einstigen Rheinarm, verlässt den Wald und folgt der Flussschleife, zur Rechten das weite, fruchtbare Rietheimer Feld. Wir gelangen zur *Barz,* wo eine *Fähre* von Frühling bis Herbst an Wochenendnachmittagen die Fussgängerverbindung mit dem deutschen Ufer herstellt. Wir wandern weiter an der Kläranlage vorbei. Vor uns stillgelegte Bohrtürme; die Schweizerische Sodafabrik hat hier die Salzgewinnung aufgegeben. Im Blickfeld vor uns Wohnbauten, Hotels und Anlagen des aufstrebenden Thermalkurortes Zurzach (S. 130). Nach gut 2 Std. sind wir in *Zurzach Rheinufer* mit der Abzweigung zum Bahnhof. Wir folgen der Uferpromenade, unterqueren die Strassenbrücke von Zurzach nach dem badischen Rheinheim und wandern am geheizten Freibad vorbei Richtung Rekingen. Rechts über uns die Schweizerische Sodafabrik, Wohnquartiere und Freizeitanlagen sowie das Werk Rekingen-Mellikon der Cementfabrik Holderbank. Von *Rekingen Rheinufer* führt eine Abzweigung in wenigen Minuten zum Bahnhof Rekingen. Im Weitergehen kommen wir am Kraftwerk Rekingen vorbei; der Fluss wird zum Stausee mit Wassersportgelegenheit. Hier verläuft der Wanderweg vorerst auf dem Zufahrtssträsschen zum Kraftwerk und wechselt dann zum Pfad, der die Mündung eines Bächleins und anschliessend diejenige des Tägerbaches umgeht und zur *Abzweigung Bhf. Rümikon-Mellikon* führt. Von hier weg sind Wechsel vom Ufer zur Hochterrasse besonders häufig. Vor Jahren verlief der Wanderweg zum Teil längs der Landstrasse. Er konnte dann in den Steilhang über dem Rhein verlegt werden. Hier bedingen die Geländeverhältnisse wiederholte steile Auf- und Abstiege, wobei zum Teil Treppen erstellt werden mussten. Der Routenabschnitt ist für erfahrene Wanderer besonders reizvoll, erfordert aber neben gutem Schuhwerk je nach Witterungsverhältnissen auch besondere Vorsicht. Wir nähern uns dem Ziel, überschreiten auf 2 Stegen die Fisibachmündung, und nach dem Waldaustritt taucht vor uns

Blick auf den Koblenzer Laufen. Der über die Felsplatten frei strömende Fluss bleibt wegen des Verzichts auf den Bau eines seinerzeit geplanten Wasserkraftwerks in seinem urtümlichen Zustand erhalten.

das Stadtbild von Kaiserstuhl mit dem dominierenden Oberen Turm auf. Bei *Kaiserstuhl Brücke* verlassen wir den Uferweg und erreichen in einer Viertelstunde auf einer markierten Abzweigung den Bahnhof *Weiach-Kaiserstuhl*. Kaiserstuhl, nach Einwohnern und Fläche die kleinste aargauische Stadtgemeinde, wurde Mitte des 13. Jh. von den Freiherren von Regensberg gegründet. Noch älter ist der wuchtige Obere Turm. Das T-förmig angelegte dreieckige Brückenstädtchen ist praktisch unverändert erhalten. Eine Erweiterung war aus territorialen Gründen gar nicht möglich; auch wurde der Erhaltung des überlieferten Stadtbildes stets grosse Beachtung geschenkt. Ein gemütlicher Gang durch die flussparallele Rheingasse und die steile Hauptgasse lohnt sich sehr.

Abzweigungen
a) Zurzach Rheinufer–Zurzach 🚌 🚃 5 Min.
b) Rekingen Rheinufer (West)–Rekingen 🚌 5 Min.
c) Abzw. Bhf. Rümikon-Mellikon–Rümikon-Mellikon 🚌 🚃 5 Min.

3 Aarau–Bad Schinznach–Brugg

Aareuferweg, besonders lohnend während der Vegetationszeit.

Route	Höhe in m	Hinweg	Rückweg
Aarau	383	–	4 Std. 40 Min.
Aaresteg Süd	365	10 Min.	4 Std. 30 Min.
Suhremündung	363	35 Min.	4 Std. 05 Min.
Brücke Biberstein	363	55 Min.	3 Std. 45 Min.
Brücke Rupperswil	354	1 Std. 35 Min.	3 Std. 05 Min.
Brücke Wildegg	351	2 Std. 20 Min.	2 Std. 20 Min.
Abzw. Bhf. Schinznach-Bad	350	3 Std. 15 Min.	1 Std. 25 Min.
Bad Schinznach	344	3 Std. 25 Min.	1 Std. 15 Min.
Abzw. Bhf. Brugg	342	4 Std. 15 Min.	25 Min.
Brugg	352	4 Std. 40 Min.	–

Im Bahnhof *Aarau* benützen wir die Ostunterführung und gelangen am Wegweiserstandort bei der Post vorbei auf fussgängersicherer Verbindung zum Aareufer beim *Aaresteg Süd*. Hier erreichen wir das Erholungsgebiet längs der Aare. Allerdings wird der Fluss zwischen Aarau und Brugg in drei Staustufen für die Erzeugung von elektrischem Strom genutzt. Die während der Bauzeit der Werke entstandenen Wunden sind inzwischen vernarbt. Die Verbauungen sind eingewachsen. Auch haben die Bauherrschaften Massnahmen getroffen, die zum heutigen Erholungscharakter der Flusslandschaft beitragen.

Vom Aaresteg Süd wandern wir zunächst auf einem geteerten Spazierweg bis zum Stauwehr Rüchlig der Jura-Cement-Fabriken Aarau. Über dem jenseitigen Ufer erblicken wir die Pfarrkirche Kirchberg und dahinter die Jurahöhen. Nach dem Stauwehr geniessen wir die gut begehbaren Naturwege. Zunächst führt die Route durch Wald; am Wegrand ein Gedenkstein für Regierungsrat Dr. Rudolf Siegrist (1885–1965) von Bildhauer Eduard

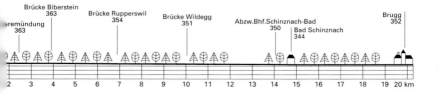

Spörri, Wettingen. Wir überqueren zwei Bäche; nach dem ersten ein Hinweis «Kleintierzoo Telli». Ein paar Schritte, und wir sind im Bereich der grossen Neuüberbauung Telli, die vom Wanderweg aus nicht sichtbar ist, da sie durch den Wald abgedeckt wird. Wir wandern weiter und überqueren auf einem dritten Steg die *Suhremündung*. Bald wechselt der Wanderweg auf den Damm des Kraftwerkes Rupperswil-Auenstein der NOK und der SBB, und wir kommen zur *Brücke Biberstein*. Über dem linken Ufer Dorf und Schloss Biberstein mit dem Berner Bär an der Fassade, der daran erinnert, dass dies früher bernisches Untertanenland war.

Unser Wanderweg verläuft weiterhin auf dem Damm, rechts begleitet von Wald, links von der lockeren Uferbepflanzung und dem Fluss. Zahlreiche Sitzbänke laden zum Verweilen und zu Naturbeobachtungen (Wasservögel) ein. Im Weiterwandern kommen wir auf die Höhe des Stauwehrs und des Maschinenhauses des Kraftwerkes Rupperswil-Auenstein. Diese Sperrstelle können Fussgänger überschreiten; vom linken Aareufer führt eine nicht markierte Verbindung zum Wanderwegnetz Gisliflue/Staffelegg. Unser Wanderweg verläuft weiterhin auf dem rechtsufrigen Damm, und wir erreichen bald die *Brücke Rupperswil* mit einem kleinen Rastplatz und dem Wegweiser für die hier vorbeiführenden Wanderrouten; am linken Ufer die Badeanlage Rupperswil-Auenstein.

Wir wandern weiter entlang des alten Aarelaufes, für eine kurze Strecke auf der im letzten Jahrhundert errichteten massiven Uferverbauung. Vorher überschwemmte die Aare periodisch während Jahrhunderten breite, fruchtbare Ufergebiete. Die wuhrpflichtigen Einwohner von Rupperswil und Auenstein waren überfordert, gerieten in Streit und mussten, um zu überleben, vom Landesherrn Bern unterstützt werden.

Wir überschreiten den ehemaligen Rupperswiler Industriekanal. Rechts von uns durch den Wald verdeckte Gewerbebetriebe von Rupperswil, später die Cementfabrik Wildegg mit einer Materialtransportbrücke zum Steinbruch auf dem linken Aareufer. Auf einem Naturweg gelangen wir zur *Brücke Wildegg,* die wir unterqueren. Nunmehr befinden wir uns im Staubereich des Kraftwerks Wildegg-Brugg und wandern auf Naturwegen flussabwärts. Nach Überqueren der Aabach- und der Bünzmündung benützen wir den erhöhten Dammweg. Rechts über uns das Schloss Wildegg, Eigentum der Eidgenossenschaft und Aussenstelle des Schweizerischen Landesmuseums. Auch auf diesem Routenabschnitt können wir dank der zahlreichen Sitzbänke eine Rast einschalten. Beidseits des Flusses haben sich grössere Schilfbestände entwickelt. Ungefähr auf der Höhe des nördlichen Dorfausganges von Holderbank verläuft der von uns benützte Rasenweg für einige hundert Meter längs der Bahnlinie und wendet sich dann wieder dem Ufer zu. Der Aufstau macht sich vermehrt bemerkbar – der gestaute Fluss

wird zum Stausee. Bei der Schinznacher Brücke beginnt ein asphaltierter Abschnitt, die Zufahrt zum Stauwehr des Kraftwerkes. Hier, bei der *Abzweigung Bhf. Schinznach–Bad,* kreuzen wir die Route nach Villnachern Effingen.

Unser Weg wird wieder belagsfrei und nähert sich dem Kurbereich von *Bad Schinznach,* das wir durch eine prächtige Allee erreichen. In Bad Schinznach wurde 1761 die Helvetische Gesellschaft gegründet. Heute ist die stark schwefelhaltige Therme weltbekannt. Ein Plauschbad in der neuen Anlage Aquarena bringt zusätzliche Abwechslung in die Uferwanderung.

Wir wandern weiter auf Naturwegen entlang dem Fluss und kommen im Badschachen zum Hilfswehr des Kraftwerkes, durch welches ein konstanter Wasserspiegel im Bereich von Bad Schinznach ermöglicht wird. Die Route Villnachern–Effingen zweigt hier ab.

Unser Uferweg verläuft weiterhin auf Naturwegen, zunächst unmittelbar entlang des alten, nur wenig Wasser führenden Aarebettes. In diesem Bereich sind Teile des ursprünglichen Schachenwaldes mit selten gewordenen Pflanzen (z. B. Schachtelhalm) erhalten geblieben. Für ungefähr 500 m durchquert der Wanderweg diese Schachenlandschaft und erreicht dann wieder das Ufer der alten Aare. Der Einblick in das ursprüngliche, urtümliche Flussbett ist faszinierend. Auf unserer Wanderung kommen wir an den gut eingerichteten Rastplätzen des Fischervereins Brugg und des Vogel- und Naturschutzvereins Brugg vorbei. Noch vor der Einmündung des Unterwasserkanals des Kraftwerkes in die alte Aare, die hier durch ein weiteres Hilfswehr etwas aufgestaut ist, erreichen wir die *Abzweigung Bahnhof Brugg.* Bis zu diesem Endpunkt benötigen wir noch rund 25 Min. Wanderern mit Zeitreserve wird empfohlen, den Uferweg Richtung «Brugg Stadt» fortzusetzen. Der Umweg lohnt sich. Wir kommen am Frei- und Hallenbad Brugg und an der Jugendherberge Schlössli Altenburg vorbei und wandern dann auf einer längeren Strecke über der Aareschlucht von Brugg – ein Erlebnis sowohl bei Niedrigwasser wie auch bei Hochwasser. Unser markierter Umweg endet am rechten Brückenkopf beim «Schwarzen Turm». Von hier spazieren wir durch die Altstadt zum Bahnhof *Brugg.*

Abzweigungen
a) Brücke Rupperswil–Rupperswil 🚂 15 Min.
b) Brücke Wildegg–Wildegg 🚂 🚌 5 Min.
c) Abzw. Staudamm–Schinznach-Bad 🚂 10 Min.

Altstadtgasse in Aarau.

Uferwege 26

4   Brugg–Vorder Rein–Beznau–Koblenz

Aareuferweg. Abwechslungsreiche Wanderung durch viel Wald und mit wenig Festbelag.

Route	Höhe in m	Hinweg	Rückweg
Brugg 🚋 🚆	352	–	4 Std. 30 Min.
Brugg Aarebrücke	341	10 Min.	4 Std. 20 Min.
Bruggerberg	418	25 Min.	4 Std. 10 Min.
Vorder Rein 🚆	401	1 Std. 5 Min.	3 Std. 30 Min.
Brücke Stilli 🚆	343	1 Std. 20 Min.	3 Std. 10 Min.
Beznau Steg	327	2 Std. 30 Min.	2 Std.
Döttingen Brücke	321	3 Std. 20 Min.	1 Std. 10 Min.
Kraftwerk Klingnau	320	4 Std. 15 Min.	15 Min.
Koblenz 🚋 🚆	320	4 Std. 30 Min.	–

Wir orientieren uns am Wegweiserstandort beim Bahnhof *Brugg* (S. 126). Über die Bahnhofstrasse und den anschliessenden für Fussgänger gesicherten Verkehrsknotenpunkt erreichen wir die Altstadt. Absteigend durch die verkehrsfreie Hauptstrasse, am Schwarzen Turm vorbei und über die Aarebrücke überqueren wir an der signalisierten Stelle die stark befahrene Basler Strasse, wenden uns 100 m nach links und biegen rechts in den Hansfluhsteig ein (nördliche Vorstadt mit Resten der Stadtbefestigung). Ziemlich steiler Aufstieg zum Aussichtspunkt vor dem Wald und dann durch einen Hohlweg zum Wegweiser Bruggerberg. Von hier benützen wir die südliche Variante und wandern durch prächtigen Hochwald nach *Vorder Rein*. Interessante Baugruppe mit Kirche von 1863 anstelle einer abgebrochenen romanischen Kirche sowie mit Pfarrhaus samt Nebengebäuden.

Unser Wanderweg führt über den Kirchhof zum Pfarrhaus und hier über eine Treppe durch offenes Gelände zur Erinnerungsstätte der 5. Division an den Aktivdienst 1939–1945. Wir überschreiten die Strasse Brugg–Villigen und

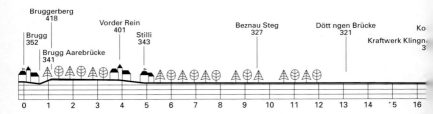

folgen dann auf dem Radweg der Strasse Brugg–Koblenz bis nach der *Brücke Stilli,* wo wir auf der Ostseite ans Ufer absteigen. Hier vereinigt sich unsere Route mit derjenigen von Baden nach Koblenz. An dieser liegt in einer Entfernung von 5 Min. aareaufwärts die Ruine Freudenau. Wir setzen unsere Wanderung aareabwärts fort mit Blick auf Stilli, ein ehemaliges Fischer- und Schifferdorf am linken Ufer. Bald nimmt uns der Wald auf, und wir wandern teils unmittelbar am Ufer, teils auf der Hochterrasse, kommen an einem Rastplatz mit Findlingen vorbei und unterqueren die Steintransportanlage der Cementfabrik Siggenthal-Würenlingen. Nach 45 Min. sind wir im Bereich des PSI, des Paul-Scherrer-Institutes, der grössten Forschungsanstalt des Bundes, linksufrig das ehemalige SIN, das Schweizerische Institut für Nuklearforschung, rechtsufrig das EIR, das frühere Eidgenössische Institut für Reaktorforschung. Wir unterschreiten die Brücke, welche die beiden Forschungsstätten verbindet, und wandern weiter abwärts, längs des Aufstaus des Wasserkraftwerkes *Beznau.* Vor dem *Steg* ein Biotop. Der Steg stellt die Verbindung zum Wandergebiet links der Aare her. Unser Uferweg folgt dem Oberwasserkanal des Wasserkraftwerkes Beznau; jenseits des Kanals die ausgedehnten Anlagen der Kernkraftwerke Beznau I und II mit Schaltanlage. Vor uns das um 1900 von der AG Motor erbaute und 1914 in das Eigentum der Nordostschweizerischen Kraftwerke AG übergegangene Wasserkraftwerk. Unser Wanderweg führt am Werk vorbei und folgt der Aare. Vor uns Döttingen-Klingnau mit den ausgedehnten Rebbergen. An der prächtigen Badeanlage vorbei erreichen wir die *Brücke Döttingen.* Hier wechseln wir auf das linke Ufer und wandern in 1 Std. entlang dem Stausee zum *Kraftwerk Klingnau.* See und Umgelände sind ein Naturschutz- und vor allem Vogelschutzreservat von europäischem Rang. Am untern Ende des Sees überschreiten wir das Stauwehr, folgen der Markierung um das Maschinenhaus herum und steigen unmittelbar nach diesem zum Unterwasser ab. Vorerst entlang der Aare, unter der Bahnlinie Laufenburg–Zurzach hindurch und dann rechts in den Wald abbiegend erreichen wir in 15 Min. den Bahnhof *Koblenz.*

Abzweigungen
a) Bruggerberg–Vorder Rein (nördliche Variante über Alpenzeiger), 1 Std. 5 Min.
b) Brücke Stilli ⚌–Siggenthal 🚂 15 Min.
c) Brücke Stilli ⚌–Turgi 🚂 ⚌ 1 Std. 5 Min.
d) Brücke Stilli ⚌–Baden 🚂 ⚌ 2 Std. 40 Min.
e) Beznau Steg–Schloss Böttstein ⚌ 20 Min.
f) Döttingen Brücke–Döttingen-Klingnau 🚂 ⚌ 5 Min.
g) Döttingen Brücke–Kraftwerk Klingnau (rechtes Ufer) 45 Min.

Uferwege

5 Schloss Hallwil–Aesch–Beinwil am See–Schloss Hallwil

Lohnende, abwechslungsreiche Rundwanderung in der «Aargauischen Visitenstube».

Route	Höhe in m	Hinweg	Rückweg
Schloss Hallwil 🚌	452	–	5 Std.
Delphin ⛴	450	1 Std.	4 Std.
Seerose ⛴	450	1 Std. 20 Min.	3 Std. 40 Min.
Aesch LU Abzw.	468	2 Std. 10 Min.	2 Std. 50 Min.
Mosen ⛴	450	2 Std. 35 Min.	2 Std. 25 Min.
Beinwil am See ⛴	451	3 Std. 15 Min.	1 Std. 45 Min.
Birrwil ⛴	450	3 Std. 55 Min.	1 Std. 05 Min.
Schloss Hallwil 🚌	452	5 Std.	–

Der Ausgangspunkt *Schloss Hallwil* verfügt über gute Anschlüsse an das öffentliche Verkehrsnetz (Busverbindung ab Lenzburg SBB und Boniswil SBB). Von den Schiffsanlegestellen Delphin, Seerose, Beinwil und Birrwil markierte Abzweigungen zur nächsten Bahnstation. Abkürzung der Rundwanderung durch Benützen des Schiffes. Parkplätze Schloss Hallwil, Seerose, Beinwil ⛴.

Das Schloss Hallwil ist eines der bedeutendsten Wasserschlösser der Schweiz, seit der Erbauung im 12. Jh. im Besitz der gleichen Familie. Im Hinblick auf die umfassenden Restaurierungsarbeiten ist das Schloss Hallwil 1994 vom Kanton Aargau übernommen worden. Besichtigung der imposanten Anlage sehr zu empfehlen. Die vom Aabach umspülte Anlage liegt in

> *In des Weltlärms Hast und Gellen*
> *Denk an diesen stillen See,*
> *Freudig spiegeln seine Wellen*
> *Sonnenlicht und Alpenschnee.*
> *Josef Victor von Scheffel (1826–1886)*

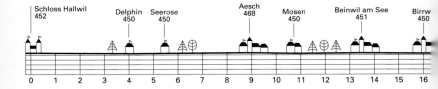

einer noch intakten Landschaft. Intakt war vor Zeiten die gesamte Hallwilersee-Landschaft:
Seither hat sich vieles geändert: die Hallwilersee-Landschaft kam in den Sog der baulichen Entwicklung und des Erholungstourismus. Die drohenden Gefahren wurden frühzeitig erkannt. Schon 1935 erliess der Kanton erste Schutzvorschriften. Das Resultat darf sich sehen lassen: Am See sind keine Neubauten mehr bewilligt worden, so dass auf aargauischem Gebiet der durchgehende Uferweg erhalten blieb. Nur in Alliswil/Boniswil verläuft der Wanderweg wegen eines wichtigen Naturschutzreservates abseits vom See und etwas erhöht mit prächtiger Aussicht.
Die einzelnen Abschnitte des Rundweges haben verschiedenartige Charakter:
Vom Schloss Hallwil bis zum Südende des Erlenhölzlis besteht ein gutunterhaltener Naturweg mit Spazierweg-Charakter. Eine knappe Viertelstunde südlich des Schlosses ein kürzlich rekonstruiertes, mit Schilf gedecktes jungsteinzeitliches sogenanntes Pfahlbauhaus (um 3000 v. Chr.), gestiftet vom Rotary Club Lenzburg. In der Nähe markierte Abzweigung zu dem etwas erhöht gelegenen Schloss Brestenberg. Weiter südlich die Strandbäder Tennwil und Meisterschwanden sowie die Schiffstationen Delphin und Seerose mit Restaurants.
Vom Erlenhölzli bis Aesch benützen wir einen belagsfreien Flurweg. Sehenswerte Dorfkirche, 1979/80 restauriert und unter Denkmalschutz gestellt.
Vom Dorfausgang Aesch bis Mosen Naturweg. Durchgang durch das Moos vor dem Zeltplatz *Mosen* erschwert; gutes Schuhwerk erforderlich. Vom Zeltplatz an wieder Naturweg, zum Teil Wald. Beim Landesteg *Beinwil* das Hotel Hallwil, eine grosse Jugendherberge mit Spiel- und Sportplatz sowie das Strandbad Beinwil. Nach 40 Min. Schiffsteg *Birrwil* mit Restaurant. Weiter auf Naturweg bis zum Aufstieg nach Alliswil. Von hier wandern wir teilweise auf Hartbelag über den südlichen Dorfteil von Boniswil zurück zum *Schloss Hallwil*.

Abzweigungen
a) Delphin ⛴–Fahrwangen 🚌 25 Min.
b) Seerose ⛴–Fahrwangen 🚌 35 Min.
c) Aesch Abzw.–Aesch Dorf 5 Min.
d) Mosen ⛴–Mosen 🚌 5 Min.
e) Beinwil am See ⛴–Beinwil am See 🚌 🚋 15 Min.
f) Birrwil ⛴–Birrwil 🚌 20 Min.
g) Abzw. Boniswil–Boniswil 🚌 🚋 10 Min.

Schloss Hallwil 452

8   19   20 km

Uferwege

6 Mellingen–Gnadental–Bremgarten

Abwechslungsreiche, naturkundlich interessante Wanderung entlang und über der frei strömenden, unverbauten Reuss. Teilweise steile Flussböschungen mit Auf- und Abstiegen. Gute Marschtüchtigkeit wird vorausgesetzt.

Route	Höhe in m	Hinweg	Rückweg
Mellingen 🚃	349	–	3 Std. 30 Min.
Mellingen Brücke	350	5 Min.	3 Std. 25 Min.
Brücke Gnadental	354	1 Std. 10 Min.	2 Std. 20 Min.
Sulz Fähre	359	2 Std. 5 Min.	1 Std. 25 Min.
Bremgarten 🚌 🚃	386	3 Std. 35 Min.	–

Den Ausgangspunkt *Mellingen* Post (S.129) erreichen wir am besten mit dem Postauto ab Baden, Brugg oder Wohlen, da Mellingen SBB ungünstig liegt. Von der Post folgen wir der Markierung auf dem Gehweg entlang der Hauptstrasse, durch das Lenzburger Tor und das Reusstor. Wir überschreiten die *Brücke* und steigen an deren Ende an das Flussufer ab. Der Wegweiser mahnt zur «Vorsicht», eine berechtigte Mahnung, stehen uns doch auf unserer Wanderung verschiedene Auf- und Abstiege im Steilbord längs der Reuss bevor. Vorerst geniessen wir den prächtigen Spazierweg mit Ruhebänken und dem Naturlehrpfad am Ufer. Jenseits des Flusses die Altstadt mit der Kirche.
Unsere Wanderung führt durch eines der bedeutendsten Naturschutzgebiete des Aargaus. Denn der Flusslauf und das beidseits angrenzende Gelände sind von Bremgarten bis zur Mündung der Reuss in die Aare gesetzlich geschützt. Über die Abgrenzung und die Bedeutung der ausgeschiedenen Zonen informieren längs des Wanderweges aufgestellte Orientierungstafeln «Unteres Reusstal».
Der Name Reuss ist nach der landläufigen Meinung keltischen Ursprungs und bedeutet «die Mächtige». Wir wandern in der Gegenstromrichtung, vorerst unmittelbar am Ufer, dann auf und ab im bewaldeten Steilbord oder

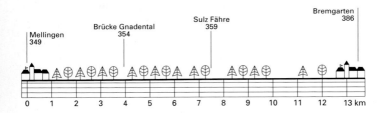

Reusslauf bei Niedrigwasser in der Gegend von Gnadental unterhalb Bremgarten. Dieser verträumte Aspekt zeigt sich nicht das ganze Jahr über: Bei Hochwasser, insbesondere im Frühsommer, kann oft die 20fache Wassermenge des Niedrigwassers talwärts strömen. Drei Faktoren ergänzen sich dann in gleichem Sinn: kräftige Schneeschmelze in den Bergen, niederschlagsreiche Witterung und Hochwasser der Kleinen Emme.

auf der Hochterrasse über dem rauschenden Fluss. Dieser Wechsel des Routenverlaufes wiederholt sich mehrfach. Dabei durchqueren wir ein Waldreservat der ETH Zürich, in welchem jede Nutzung unterbleibt. Am Steilufer sickert Wasser aus der Nagelfluh, was zur Sicherung des Durchgangs verschiedene Stege notwendig machte. So wird auch der Stettenerbach überquert, und wir kommen bald zur *Brücke Gnadental.*
Am linken Reussufer liegt das im 13. Jh. gegründete ehemalige Zisterzienserinnenkloster, 1867 aufgehoben und 1894 zur Pflegeanstalt umgebaut und erweitert. Wer Zeit hat, schaltet im dazugehörenden Gasthaus eine Rast ein. Von Gnadental aus kann mit dem Postauto Wohlen oder Mellingen erreicht werden.
Von der Brücke Gnadental wandern wir weiter, vorwiegend im Wald, teils am Ufer, teils hoch über der wilden Reuss. Besonders imposant der Blick auf die umtoste Insel Wildenau. Nach ungefähr 1 Std. sind wir bei der *Fähre Sulz* mit dem Gasthaus in unmittelbarer Nähe. Von hier ist über Sulz, Künten, Bellikon in 3 Std. Dietikon Bhf. zu erreichen. Die Fähre ist von April bis Oktober am Samstagnachmittag und am Sonntag in Betrieb. In dieser Zeit verbindet sie unsern Uferweg mit dem Wanderwegnetz westlich der Reuss. Wir wandern weiter aufwärts, entlang den Flussschleifen. Allmählich nähern wir uns unserm Ziel *Bremgarten* (S.126). Nach dem Aufstieg zur hochgelegenen Altstadt erreichen wir in wenigen Minuten den Bahnhof.

Abzweigung
Brücke Gnadental–Gnadental 🚌 5 Min.

7 Bremgarten–Brücke Rottenschwil–Althäusern–Muri

Naturkundlich sehr interessante Wanderung vom Reusstal ins Bünztal; Teil der Schweizerischen Mittellandroute.

Route	Höhe in m	Hinweg	Rückweg
Bremgarten	386	–	3 Std. 15 Min.
Dominilochsteg	385	55 Min.	2 Std. 15 Min.
Brücke Rottenschwil	383	1 Std. 40 Min.	1 Std. 30 Min.
Brücke Werd	383	2 Std. 5 Min.	1 Std. 5 Min.
Althäusern	418	2 Std. 35 Min.	40 Min.
Muri	458	3 Std. 20 Min.	–

Bremgarten (S. 126) – mit den öffentlichen Verkehrsmitteln gut erreichbar – ist Ausgangspunkt verschiedener Wanderrouten, wie der Wegweiserstandort vor dem Bahnhof zeigt. Von hier wenden wir uns stadtwärts bis zum Schulhausplatz, von wo wir in die bewaldete, kühle Promenade über der Reuss absteigen. Nach 20 Min. ist die Sperrstelle des Kraftwerkes Bremgarten–Zufikon erreicht. Sie ist dem Fussgängerverkehr geöffnet und stellt, wie die Brücken weiter oben, eine Verbindung zum Wandergebiet links der Reuss dar.

Empfehlenswerter Abstecher (2 Min.) zur Emauskapelle auf der Hochterrasse mit volkstümlich-barocken Bildzyklen aus dem 17. Jh.

Ab dem Kraftwerkwehr wandern wir rund 2 Std. im Gebiet der aargauischen Reusstalsanierung. Die Partnerschaft zwischen Wasserbau, Landwirtschaft, Naturschutz und Energiewirtschaft hat sich bewährt, dank des Interessenausgleichs allen Beteiligten Vorteile gebracht und ein grosses Erholungsgebiet geschaffen, von dem auch die Wanderer profitieren.

Vorerst wandern wir belagsfrei im Wald, teils unmittelbar am Ufer, teils hoch über der gestauten Reuss. Wir kommen zum *Dominiloch,* wo ein währschafter gedeckter *Holzsteg* Rundwanderungen reussabwärts und reussaufwärts

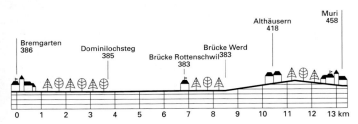

sowie die Besichtigung des nahegelegenen Klosters Hermetschwil ermöglicht.
Nach dem Waldaustritt kommen wir am Weiler Geisshof vorbei und erreichen das Gebiet des im Rahmen der Reusstalsanierung geschaffenen Flachsees. Dieser mit Inseln durchsetzte erweiterte Stauraum ist als Brut-, Rast- und Überwinterungsstätte für gefährdete Wasservögel sehr wertvoll und von europäischer Bedeutung. Informationstafeln orientieren über den gesetzlichen Schutz der Reusstallandschaft und die Bedeutung einzelner Schutzgebiete. An beiden Reussufern aufgestellte Ruhebänke erleichtern Tierbeobachtungen. Wir wandern teils auf einem asphaltierten Flurweg, teils auf einem parallel dazu angelegten Fussweg dem Flachsee entlang hinauf zur *Brücke Rottenschwil*. Hier überqueren wir die Reuss. Am andern Brückenkopf grosser Findling mit der Gedenktafel:

> **Reusstalsanierung 1953–1985**
> **Gemeinschaftswerk von Bund, Kanton Aargau, Gemeinden und AEW**
> **Roman Käppeli 1905–1978 dem unermüdlichen Kämpfer gegen die Wassernot**
> **Kurt Schmid 1905–1980 dem zielbewussten Koordinator.**

Unsere Route verläuft nun auf dem linksufrigen Hochwasserschutzdamm bis zur Brücke Werd, vorwiegend im Wald mit reizvollen Durchblicken auf die Reuss, die allmählich vom gestauten Zustand in ein Fliessgewässer übergeht.
Bei der *Brücke Werd* verlassen wir das Flussufer und durchqueren die linke – meliorierte und gleichzeitig geschützte – Talebene. Der Wechsel zwischen fruchtbarem, vor Vernässung geschütztem Landwirtschaftsland und auf hohen Grundwasserstand angewiesenen Naturschutzgebieten ist augenfällig. Ermöglicht haben das Kanäle, Pumpwerke und andere wasserbauliche Massnahmen. Ein Hauptpumpwerk liegt unmittelbar oberhalb der Brücke Werd; seine Zulaufkanäle sind von unserer Route aus einsichtbar.
Bei der Brücke Werd beachten wir den Hinweis «nach 60 m links» und setzen unsere Wanderung entlang dem Entwässerungskanal, Richtung Büelmüli und *Althäusern* fort. Hier überqueren wir die Landstrasse Sins–Bremgarten und steigen durch das Oberdorf Richtung Wasserscheide Reusstal/Bünztal hinan. Am Ende der Überbauung biegen wir nach links ab. Ab hier steht uns wieder ein belagsfreier, vorwiegend in dichtem Laubwald verlaufender Weg zur Verfügung. Nach dem Waldaustritt sind wir in Egg, einem neuzeitlichen Aussenquartier des Bezirkshauptortes *Muri* (S.129). Wir überschreiten die Strasse Besenbüren–Muri und erreichen an Schulanlagen und Sportplätzen vorbei den Bahnhof.

Uferwege

8 Bremgarten–Brücke Werd–Sins

Erholsame Tageswanderung im Gebiet der Aargauischen Reusstalsanierung. Schattig und wenig Festbelag.

Route	Höhe in m	Hinweg	Rückweg
Bremgarten	386	–	5 Std. 50 Min.
Dominilochsteg	385	55 Min.	4 Std. 50 Min.
Brücke Rottenschwil	383	1 Std. 40 Min.	4 Std. 5 Min.
Brücke Werd	383	2 Std. 5 Min.	3 Std. 40 Min.
Brücke Ottenbach	386	2 Std. 50 Min.	2 Std. 55 Min.
Brücke Rickenbach	389	3 Std. 15 Min.	2 Std. 30 Min.
Brücke Mühlau	394	4 Std. 25 Min.	1 Std. 20 Min.
Brücke Sins	397	5 Std. 35 Min.	10 Min.
Sins	406	5 Std. 45 Min.	–

Diese Uferwanderung ist von Bremgarten bis zur Brücke Werd identisch mit Route 7.

Als Variante kann zwischen den *Brücken Rottenschwil* und *Werd* auch der gut ausgebaute Wanderweg auf dem rechtsufrigen Reussdamm benützt werden. Je nach Sonnenstand empfiehlt sich dieser Wechsel, weil dann die zahlreichen Wasservögel besser beobachtet werden können.

Linksufrig können wir von der Brücke Werd bis zur Brücke Ottenbach wählen zwischen dem schattigen Uferweg unmittelbar entlang dem Fluss und dem nur wenig längeren, etwas landwärts verlaufenden Dammweg. Die zweite Variante empfiehlt sich vor allem auch nach intensiven Niederschlägen. Vom Damm aus ist der Blick frei auf die 1953–1985 im Rahmen der Aargauischen Reusstalsanierung meliorierte Reussebene: fruchtbares, vor Überschwemmungen gesichertes Land mit vereinzelten landwirtschaftlichen Hofsiedlungen und den am Hangfuss liegenden Freiämter Dörfern mit dem dominierenden Turm der Pfarrkirche von Merenschwand. Beein-

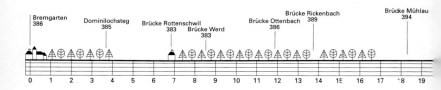

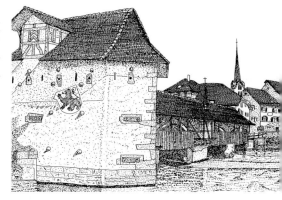

Alte Reussbrücke mit Bollwerk. Seit Herbst 1994 ist die Brücke vom Durchgangsverkehr entlastet. Eine grossräumige Umfahrung führt den Verkehr um die Altstadt von Bremgarten herum.

druckend auch die bei der Reusstalsanierung im Rahmen des Interessenausgleiches zwischen Landwirtschaft und Naturschutz teilweise erhalten gebliebene ursprüngliche Parklandschaft und die ausgeschiedenen grossen Naturschutzreservate. Informationstafeln geben dem Wanderer Aufschluss. Bei der *Brücke Ottenbach* ladet ein kleiner Rastplatz zum Verweilen und zur Stärkung aus dem Rucksack ein. Dann wandern wir weiter entlang der Reuss oder auf dem Damm zur *Brücke Rickenbach,* welche die Gemeinde Merenschwand mit dem zürcherischen Obfelden verbindet. Weiter geht es flussaufwärts, am Weiler Hagnau – politisch zu Merenschwand gehörig – vorbei Richtung Mühlau. Vom Damm aus überblicken wir das ausgedehnte Naturschutzreservat Schoren. Über die *Brücke Mühlau* wechseln wir auf das rechte, zugerische Ufer und wandern auf dem Damm unserem Ziel entgegen. Vor uns Zugerberg, Rigi und Alpen.

Die mehr als einstündige Dammwanderung lässt uns Zeit zum Nachdenken: Der Flussname Reuss – Rigusia oder Riusia – ist keltischen Ursprungs und bedeutet «die Mächtige». Ihre Wasserführung schwankt von knapp 30 bis 700 m³/sek. Diese Schwankungen zwangen den Menschen, zu seinem Schutz und seiner Existenzsicherung Uferverbauungen zu erstellen. Diese werden bei Niedrigwasser, d.h. vor allem im Winter, ausserhalb des Bereichs der Aargauischen Reusstalsanierung gut sichtbar, so auch im Schlussteil unserer langen Wanderung. Wir erreichen die aus dem letzten Jahrhundert stammende *Holzbrücke* und überqueren auf dem südseits vorgehängten Steg die Reuss. In 5 Min. sind wir am Bahnhof *Sins.*

Abzweigungen

a) Brücke Werd–Jonen 🚂 35 Min.
b) Brücke Ottenbach–Ottenbach 🚂 10 Min.
c) Brücke Rickenbach–Merenschwand 🚂 30 Min.
d) Brücke Rickenbach–Affoltern a. A. 🚶 🚂 1 Std. 10 Min.
e) Brücke Mühlau–Mühlau 🚶 20 Min.

Uferwege

9 Baden–Killwangen Brücke–Zürich Hardturm

Tageswanderung, grösstenteils im Spannungsfeld von Flusslandschaft und intensiver neuzeitlicher Überbauung. Nicht übermässig viel Festbelag; Abkürzungen und Varianten möglich. Auf einigen Teilstrecken Beeinträchtigungen durch Autobahnlärm.

Route	Höhe in m	Hinweg	Rückweg
Baden	385	–	5 Std. 35 Min.
Wettingen	388	35 Min.	5 Std.
Neuenhof Brücke	389	45 Min.	4 Std. 50 Min.
Brücke Killwangen	387	1 Std. 50 Min.	3 Std. 45 Min.
Brücke Dietikon	387	3 Std. 20 Min.	2 Std. 15 Min.
Abzw. Glanzenberg	387	3 Std. 35 Min.	2 Std.
Kloster Fahr	393	4 Std. 10 Min.	1 Std. 25 Min.
Brücke Unterengstringen	396	4 Std. 25 Min.	1 Std. 15 Min.
Brücke Oberengstringen	395	4 Std. 40 Min.	1 Std.
Abzw. Europabrücke	397	5 Std. 25 Min.	15 Min.
Zürich Hardturm	400	5 Std. 40 Min.	–

Am Bahnhof *Baden* (S.126) beachten wir am Perron 1 und 2 die Hinweise bezüglich des zentralen Hauptwegweiserstandortes auf der Terrasse am Rande des Bahnhofplatzes hoch über der Limmat. Von hier führt unsere Route durch die Badstrasse, das Stadttor und die Weite Gasse zur Vorstadt-Kreuzung. Hier durch die Unterführung zum Schulhausplatz Ländli und durch den Ländliweg am BBC-Clubhaus vorbei zum Autowendeplatz. Leichter Anstieg, dann entlang der Bahnlinie und über die Eisenbahnbrücke zum Bahnhof *Wettingen*. Unmittelbar nach dem Wegweiser gabelt sich der Limmatuferweg in die Varianten linkes und rechtes Ufer. Wir haben uns für das linke Ufer entschieden. Wir gehen also durch die Bahnunterführung und haben unmittelbar nachher jenseits der Strasse Neuenhof–Wettingen die imposante Klosteranlage Wettingen (S.130) vor uns im Blickfeld. Auf einem

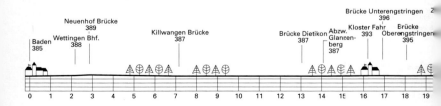

Radweg überschreiten wir die Limmat und erreichen unter der Autobahn hindurch den Rand der Überbauung von Neuenhof. Nach der Hofmattstrasse kreuzen wir abgesichert nochmals die Autobahn und gelangen auf der Seestrasse unter der Bahnlinie hindurch zum Sportplatz. Hier kurz rückwärts zum Wehr des Kraftwerkes Wettingen der Stadt Zürich, wo am Stausee der belagsfreie Uferweg beginnt.
Zur Verkürzung der Marschzeit kann die Wanderung erst am Bahnhof Wettingen begonnen werden. Die Stadt Baden mit ihren zahlreichen Sehenswürdigkeiten und das Kloster Wettingen, durch den Kulturpfad von Baden nach der Klosterhalbinsel von Wettingen verbunden, verdienen ohnehin einen längeren Besuch. Seit der Erstellung der S-Bahn-Haltestelle Neuenhof ergibt sich eine weitere Möglichkeit zur Verkürzung der Marschzeit.
Vom Kraftwerk Wettingen führt unser Uferweg vorerst durch eine prächtige Allee entlang dem Stausee – Wasservögel, weiter flussaufwärts Schilfpartien und bei Föhnlage hie und da Fernsicht auf die Alpen. Der anfängliche Spazierweg wird schmäler und naturnäher. Bei der Brücke *Killwangen* besteht die Möglichkeit, auf das rechte Ufer zu wechseln und limmatabwärts Baden/Wettingen oder -aufwärts über das Kloster Fahr die Agglomeration Zürich zu erreichen. Unser linksufriger Weg folgt zunächst der Autobahn und verläuft dann auf der Hochterrasse durch die Flussschleife «Chessel» mit zugänglicher Limmatinsel und Feuerstelle der «Schweizer Familie». Beim Weitergehen kommen wir an einem künstlich angelegten Trocken- und Feuchtbiotop mit Lehrpfad vorbei. Später verschiedene ausgebaute Raststätten und der Hof Far, anschliessend rechts unseres Fussweges ausgedehntes Naturschutzgebiet. Wir überschreiten Reppischmündung und Unterwasserkanal des Kraftwerkes Dietikon.
Bei der *Brücke Dietikon* gehen wir nach links und wechseln auf das rechte Limmatufer. Bevor wir den Dammweg nach links verlassen, beachten wir die Schanzen, welche von französischen Truppen unter General Masséna vor der 2. Schlacht bei Zürich am 25./26. September 1799 errichtet wurden.
Nach der Weggabelung auf beiden Seiten des Wanderweges Ruinenfeld der mittelalterlichen Stadt *Glanzenberg,* erbaut durch die Freiherren von Regensberg um die Mitte des 13. Jh. 1267 wurden Burg und Stadt Glanzenberg durch die Zürcher mit Hilfe Graf Rudolfs von Habsburg zerstört. Die Strasse Schlieren–Dietikon wird auf einer Brücke überquert. Anschliessend angenehmer Wald und aussichtsreicher Flurweg zum *Kloster Fahr.* Oberhalb des Klosters Sodbrunnen mit einer Tiefe von 16 m. Das Benediktinerinnenkloster Fahr ist seit seiner Zuteilung an den Aargau durch die Mediation (1803) eine Enklave im Kanton Zürich. Der Name leitet sich von der Fähre ab, die hier über die Limmat führte. Freiherr Lütold von Regensberg schenkte 1130 den Besitz «Vare» dem Kloster Einsiedeln, welches heute noch

Uferwege 38

Hoheitsrechte über Fahr besitzt. Die Klosteranlage besteht aus den drei 1689–1701 durch Caspar Mosbrugger und dessen Bruder Johann erbauten Konventflügeln, der 1743–1746 erneuerten Kirche und dem Propsteiflügel von Paul Rey von 1730–1734. Beim Klostertor romanische St.-Anna-Kapelle mit gewölbtem quadratischem Chor sowie Fresken aus der 1. Hälfte des 14. Jh. Das Gasthaus zu den zwei Raben ist 1679 erbaut worden. Entlang dem Kanal, vorbei am Brückenkopf, wo früher die Strassenbahn Schlieren–Weiningen die Limmat überquerte, zur *Brücke Unterengstringen*. Hier wechseln wir auf die andere Limmatuferseite, damit wir zum Lärm der Autobahn eine grössere Distanz haben. Nach der *Brücke Oberengstringen* das Areal des ehemaligen Gaswerkes der Stadt Zürich. Vor der Europabrücke verschiedene Grundwasserfassungen für die Wasserversorgung Zürich. Am linken Hang erblicken wir die Kirche von Höngg mit dem darunterliegenden Rebberg.
Bei der *Europabrücke* können wir die Tram- und Bus-Haltestelle Tüffenwies in knapp 5 Min. erreichen. Der Zugang ist nicht signalisiert (direkte Tramlinie nach Zürich Hauptbahnhof). Ab hier bis zum Endziel *Hardturm* ist der Uferweg durchwegs mit Festbelag versehen.
Der Hardturm ist ein mittelalterlicher Wohnturm aus dem 12. Jh., vermutlich als Wachturm eines Limmatübergangs erstellt (Privatbesitz). Wohngeschoss und Treppenanbau stammen aus dem 17. Jh. Nun nach rechts zur Tramhaltestelle Fischerweg.

Abzweigungen
a) Killwangen Brücke–Killwangen 🚋 🚌 5 Min.
b) Brücke Dietikon–Dietikon 🚋 🚌 10 Min.
c) Brücke Unterengstringen–Schlieren 🚋🚌 20 Min.
d) Abzw. Europabrücke–Tüffenwies 🚌 🚋 5 Min.

▶ Von bewaldeten Hügeln umgeben liegt hübsch eingebettet im Limmatknie die Stadt Baden. Die intakte Altstadt präsentiert kunstvoll restaurierte Häuser und zahlreiche historische Sehenswürdigkeiten. Im Bild: die spätgotische katholische Stadtkirche mit Ruine Schloss Stein – ehemals Habsburger Amtssitz – im Hintergrund. Vor nahezu 2000 Jahren hiess Baden noch Aquae Helveticae und war die älteste römische Badesiedlung nördlich der Alpen.

Nördlich von Aare/Limmat

10 Aarau–Schafmatt–Gelterkinden

Von der Kantonshauptstadt über den Jura ins Ergolztal. Anstrengende Tageswanderung, besonders für Frühjahr und Herbst geeignet, gutes Schuhwerk erforderlich. Die Route kann wesentlich abgekürzt werden, durch Benützung der Abzweigung Bushaltestelle Barmelweid–Schafmatt.

Route	Höhe in m	Hinweg	Rückweg
Aarau 🚃 🚌	383	–	5 Std. 45 Min.
Alpenzeiger	452	40 Min.	5 Std. 10 Min.
Obererlinsbach Abzw. südl. Kirche	420	1 Std. 15 Min.	4 Std. 35 Min.
Obererlinsbach Abzw. Bus-Hst.	440	1 Std. 25 Min.	4 Std. 25 Min.
Barmelhof	597	2 Std. 10 Min.	3 Std. 50 Min.
Rosmaregg	764	2 Std. 40 Min.	3 Std. 30 Min.
Schafmatt	840	3 Std.	3 Std. 15 Min.
Oltingen 🚌	580	3 Std. 45 Min.	2 Std. 20 Min.
Wenslingen 🚌	567	4 Std. 30 Min.	1 Std. 40 Min.
Gelterkinden 🚃 🚌	403	6 Std.	–

Vom Bahnhof *Aarau* bis zum Aaresteg s. Route 3.
Nach Überqueren der Aare halten wir links, um über die Aarestrasse, die Weinbergstrasse und den Alpenzeigerweg zum Rastplatz *Alpenzeiger* zu gelangen. Blick auf die Stadt und bei guter Sicht in die Alpen vom Glärnisch bis zur Jungfrau. Über den Hungerbergwald, am Buechhof vorbei erreichen wir die Kirche von Erlinsbach. Die Pfarrkirche ist typologisch ein interessantes Beispiel des frühen reformierten Kirchenbaus im Aargau. Abzweigung zur 200 m westlich gelegenen Bushaltestelle möglich. Zuerst angenehmer innerörtlicher Fussweg, welcher später durch Wiesen parallel zum Erzbach nach dem solothurnischen Breitmis führt. Der Erzbach bildet auf einer grossen Strecke die Grenze zwischen den Kantonen Aargau und Solothurn und

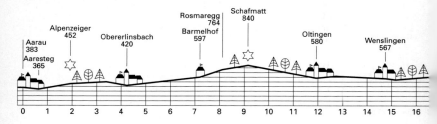

wird bereits um die Mitte des 15. Jh. genannt, denn beidseits von ihm wurde um diese Zeit Erz ausgebeutet. Schmelzschlacke wurde bei und oberhalb *Obererlinsbach* im Bach und seinem Kies gefunden.
Nach dem Weiler Breitmis sind wir froh, das Bockwägli abseits des Verkehrs benutzen zu können. Bis zum *Barmelhof* Aufstieg auf geteerter Strasse. Der steile Weg durch die Weiden bis zur *Rosmaregg* erfordert einige Schweisstropfen. Oberhalb des Restaurants Balmis mündet der Zugang von der Busendstation Barmelweid in unsere Route ein. Am Parkplatz an der Grenze Solothurn/Basel-Landschaft vorbei gelangen wir zum Berghaus *Schafmatt* der Naturfreundesektion Aarau. Aussicht auf Alpen, Mittelland und Jura. In der Verkehrsgeschichte von Solothurn hat die Schafmatt einige Bedeutung. Eine Wiederherstellung der Strasse erfolgte durch Basel im Jahre 1499. Wechselhafte Passgeschichte, welche wiederholt die Tagsatzung beschäftigte. Gegen Ende des 18. Jh. musste Solothurn den Befehl erteilen, den überwachsenen Weg wieder instand zu stellen. Dieser Pass diente den Posamentern des oberen Baselbietes als Weg zu den Fabriken von Schönenwerd und Aarau. Als Abstieg wird das enge Tal nach Norden benutzt, wobei auf einer guten Waldstrasse der Festbelag auf einer grösseren Strecke vermieden kann.
Oltingen ist ein Bauerndorf mit vortrefflichem Ortsbild und hervorragenden Einzelbauten sowie einer malerischen Kirchenanlage. Die reformierte Pfarrkirche besitzt den umfangreichsten spätgotischen Wandbilderzyklus des Kantons Basel-Landschaft aus der 2. Hälfte des 15. Jh. Es lohnt sich, die verschiedenen alten Häuser etwas näher zu betrachten. Bei der Kirche steht das Heimatmuseum der Gemeinden Oltingen, Wenslingen und Anwil. Wir wandern nach Nordwesten über die Hochebene zum typischen Baselbieter Bauerndorf *Wenslingen* mit einzigartigem Dorfplatz. Bemerkenswerte Bauernhäuser. Beim Schulhaus Brunnen mit der Inschrift zu Ehren des Dichters Traugott Meyer (1895–1959). Die Hauptstrasse benützen wir bis zum Aletenbach und zweigen nach der ersten Kurve rechts ab mit anschliessender kleiner Gegensteigung im Wald. Entlang dem Plateaurand aus Hauptrogenstein führt uns der angenehme Waldweg an vielen Stechpalmenbäumen und dem Aussichtspunkt Schiltflue (Pt. 608.30) an den Höfen Ärntholden vorbei. Über den Südhang des auslaufenden Hügels wird die Kirche von *Gelterkinden* (S. 127) erreicht.

Gelterkinden 403

Abzweigungen
a) Schafmatt–Barmelweid 🚌 35 Min.
b) Wenslingen 🚌–Anwil 🚌 40 Min.
c) Wenslingen 🚌–Tecknau 🚆 🚌 30 Min.

Nördlich von Aare/Limmat 42

11 Aarau–Bänkerjoch–Frick

Abwechslungsreiche Wanderung über den Jura ins Fricktal. Um die Festbelagsanteile zu reduzieren, kann die Wanderung ab Bänkerjoch begonnen werden (Festbelagsanteil: Aarau–Bänkerjoch 70%, Bänkerjoch–Frick 35%). Zwischen Bänkerjoch und Frick Jurahöhenweg mit rot-gelber Markierung.

Route	Höhe in m	Hinweg	Rückweg
Aarau 🚆 🚌	383	–	4 Std. 35 Min.
Küttigen	416	45 Min.	3 Std. 50 Min.
Fischbach 🚌	535	1 Std. 15 Min.	3 Std. 25 Min.
Bänkerjoch 🚌	668	1 Std. 45 Min.	3 Std.
Junkholz	545	3 Std. 15 Min.	1 Std. 25 Min.
Frick 🚆 🚌	361	4 Std. 30 Min.	–

Im Bahnhof *Aarau* die Ostunterführung benützen und durch die Feerstrasse, die 1888 durch den ehemaligen Park der Feerschen Güter angelegt wurde, zum Aaresteg absteigen. Über die idyllische Zurlindeninsel wird die linke Aareseite erreicht. Durch Einfamilienhausquartiere – wobei gut auf die Zwischenmarkierung zu achten ist – gelangen wir auf einem Fussweg nach *Küttigen*.
Küttigen ist Ausgangspunkt zweier Jurapässe, nämlich Staffelegg und Bänkerjoch. Der Ort wurde erstmals 1036 als «Chütingen» erwähnt. In früheren Jahrhunderten viele Brandkatastrophen. Während der Berner Herrschaft erlangte der Weinbau grösste Aufmerksamkeit. Wald und Weide wurden noch im 18. Jh. in Rebberge verwandelt. Früher Bohnerzabbau am Hungerberg (nach 1550). Das Erz gelangte zu Wasser auf der Aare und dem Rhein ins dazumal noch vorderösterreichische Fricktal, wo es verhüttet wurde.
Vom Dorf bis zur Papirmüli müssen wir leider die Strasse benützen. die eingegangene Papirmüli wurde vom bekannten Aarauer Buchdrucker Remigius Sauerländer 1822–1824 errichtet. Das Gebäude beherbergte in späteren Jahren auch Textilbetriebe. Nach der Häusergruppe Trampelpfad im Wald beachten, welcher zuerst links und nach der Brücke rechts parallel zur

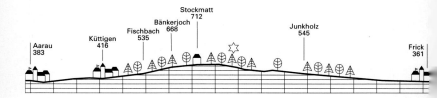

Strasse verläuft. Unmittelbar vor der Postautohaltestelle *Fischbach* zweigt der Wanderweg nach rechts ab. Etwas weiter nördlich, östlich des Weges, Grube im Keupergips. Früher ist das Material als Dünger verwendet worden. Diese Gesteine entstanden vor über 200 Millionen Jahren in einem seichten, warmen und übersalzenen Meer, das mehrmals vollständig austrocknete. Zutritt zur Grube verboten. Nachfolgend steiler Aufstieg im Wald zum *Bänkerjoch*. Die Kantone Basel und Bern bauten 1705 das Bänkerjoch zur Strasse aus, als Folge einer Auseinandersetzung zwischen Basel und Solothurn wegen des weiter westlich gelegenen Passes Schafmatt. Am 29.10.1977 Eröffnung der neuen Strasse über das Bänkerjoch mit Neutrassierungen im Zusammenhang mit der Güterregulierung Oberhof. Auf der Passhöhe gut eingerichteter Rast- und Parkplatz. Bei dessen Einfahrt erinnert eine Bronzetafel an die Passgeschichte. 1979 konnte die durchgehende Postautolinie Frick–Wölflinswil–Aarau eröffnet werden. Das Kantonale Tiefbauamt hat einen 140 m langen Parallelweg zur Kantonsstrasse erstellt, damit die Fussgänger vor dem Verkehr besser geschützt sind. Vom Bänkerjoch leichter Anstieg zum Teil durch Wald zur alten Hofsiedlung Stockmatt. Ausblick ins Tal und auf die Burgflue. In der Nähe einer Waldwiese Anstieg nach rechts und auf dem durch die Aargauer Wanderwege erstellten Pfad zu einem Bewirtschaftungsweg aufsteigen. Hier sind Berg- und Felssturzmassen von Trias-Gesteinsschichten (Oberer Muschelkalk) sichtbar. Leicht absteigend gelangen wir über eine Waldwiese mit schöner Aussicht zur Wölflinswiler Waldhütte. Rastplatz und Feuerstelle laden zum verdienten Marschhalt ein. Bei der nach rechts ausholenden Waldstrasse kann auf einem Abkürzungsweg die Kurve vermieden werden. Nach dem Waldaustritt in nordwestlicher Richtung zum Teil über Wiesen zur aussichtsreichen Krete Egg, östlich des Rosegghofes. Weiter absteigend erreichen wir das Haugerhölzli und folgen von da, nach links, für ca. 500 m der Verbindungsstrasse Herznach–Wölflinswil. Beim Wegweiserstandort *Junkholz* können wir die Strasse wieder verlassen: Unser Waldweg biegt rechtwinklig ab und führt durch das Änteltälchen, stets oberhalb des Baches. Anschliessend geht es dem Waldrand entlang und in einem Rechtsbogen auf einer Moräne der Risseiszeit zu den Aussenquartieren von Gipf-Oberfrick und hinunter zur Bahnunterführung. Bis zum Bahnhof *Frick* benützen wir die Strasse entlang der Bahnlinie.

Abzweigungen
a) Küttigen Abzw.–Küttigen 🚌 5 Min.
b) Bänkerjoch 🚌 –Staffelegg 🚌 40 Min.
c) Bänkerjoch 🚌 –Wasserflue–Salhöhe 🚌 1 Std. 50 Min.
d) Haugerhölzli–Herznach 🚌 25 Min.
e) Junkholz–Wölflinswil 🚌 30 Min.

Nördlich von Aare/Limmat 44

12 Staffelegg–Wasserflue–Geissflue–Hauenstein

Lohnende Tageswanderung vom Aargauer zum Solothurner Jura (Teilstück der Jurahöhenwege, des Dreiländerweges und des Europäischen Fernwanderweges E 4).

Route	Höhe in m	Hinweg	Rückweg
Staffelegg	621	–	6 Std. 10 Min.
Herzberg-Hof	695	25 Min.	5 Std. 50 Min.
Bänkerjoch	668	45 Min.	5 Std. 30 Min.
Wasserflue	844	1 Std. 45 Min.	4 Std. 45 Min.
Salhöhe	779	2 Std. 35 Min.	3 Std. 45 Min.
Geissflue	963	3 Std. 25 Min.	3 Std.
Schafmatt (NFH)	840	3 Std. 40 Min.	2 Std. 40 Min.
Burgweid	802	4 Std. 55 Min.	1 Std. 15 Min.
Abzw. Froburg	835	5 Std. 20 Min.	50 Min.
Hauenstein	674	6 Std.	–

Die *Staffelegg*–Passhöhe ist mit dem Postauto ab Aarau oder Frick erreichbar. Wir beginnen die Wanderung gegenüber dem Ausflugsrestaurant und folgen zunächst kurz der Landstrasse Richtung Aarau. Nach ungefähr 100 m biegen wir in das Zufahrtsträsschen nach Herzberg ein und verlassen dieses nach einer Viertelstunde bei einer landwirtschaftlichen Siedlung. Wir biegen in den nach links abzweigenden Güterweg ein und steigen zum *Herzberg-Hof* auf. Von dieser Abzweigung bis Froburg wandern wir, abgesehen von zwei kurzen Teilstrecken, praktisch ausschliesslich auf belagsfreien Pfaden durch Wald, Feld und über Weide mit prächtigen Ausblicken nach Süden ins Aaretal, Mittelland, auf die Hochalpen und nach Norden über den Tafeljura ins Fricktal und auf den Schwarzwald.

Vom Herzberg-Hof können wir in 3 Min. das Volksbildungsheim Herzberg erreichen, erbaut 1936 auf Initiative von Fritz Wartenweiler und später zum Tagungszentrum für Erwachsenenbildung erweitert. Beherbergung und

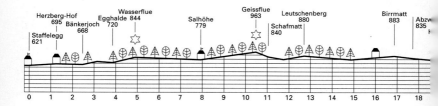

Verpflegung möglich, telefonische Anfrage jedoch unerlässlich. Unsere Wanderung führt vom Herzberg-Hof in der Gegenrichtung zum *Bänkerjoch* (S. 43). Wir überschreiten die Passstrasse und folgen der Markierung Richtung *Wasserflue*. Nach einer knappen halben Stunde zweigt unser Höhenweg beim Wegweiser Egghalden nach links ab und erreicht in steilem Aufstieg (bitte Markierung beachten) den Gratweg «Uf der Egg». Wir wenden uns vorerst ostwärts zur Wasserflue (844 m). Hier geniessen wir bei wohlverdienter Rast die prächtige Rundsicht. Die exponierte Situation ermöglichte auch die Installation einer zentralen Funkstation für öffentliche Dienste. Die Technik hat hier oben Einzug gehalten. Die Zeiten haben sich geändert, seit Paul Haller Anfang unseres Jahrhunderts dichtete (bei Benken und Asp handelt es sich um Weiler zwischen Aarau und Frick):

> Zoberst uf dr Wasserflueh
> stoht es Chrüppeltandli
> zunderst uf der Bänkerstross
> lauft es Aschper Mandli!

Nach der Rast gehen wir auf dem Gratweg zurück und erreichen in ungefähr 1 Std. über den bewaldeten Bergrücken die *Salhöhe*. Wer auf den steilen Aufstieg zur Wasserflue verzichten möchte, kann von Egghalden geradeaus, an den Pilgerhöfen vorbei, die Salhöhe erreichen.

Unmittelbar nach dem Waldgasthaus Chalet Salhöhe Richtung Kienberg überschreiten wir die Landstrasse und damit nach Staffelegg und Bänkerjoch den dritten Juraübergang, der aus dem ehemals bernischen Aargau nach Norden ins vorderösterreichische Fricktal und nach Basel führte.

Auf der andern Strassenseite biegt unser Höhenweg in den Wald ein und steigt Richtung Rotholz an. Bald kommen wir zu einem Wegweiser. Geradeaus führt ein Wanderweg ohne grosse Höhendifferenzen durch den Nesselgraben nach der Schafmatt. Unser Höhenweg zweigt nach links ab. Auf ihm erreichen wir, durch prächtigen Wald ansteigend, in rund einer Dreiviertelstunde die *Geissflue,* den höchsten Punkt unserer Wanderung. Dabei wandern wir praktisch auf der Kantonsgrenze mit verschiedenen, zum Teil alten Grenzsteinen Aargau/Solothurn und Solothurn/Basel-Landschaft.

Bei der wohlverdienten Gipfelrast geniessen wir die prächtige Aussicht auf den Ketten- und Tafeljura bis hin zum Schwarzwald. Vor dem steilen Abstieg nach der *Schafmatt* (S. 41) machen wir einen kurzen Abstecher zur Rohrerplatte und geniessen die Aussicht auf Kettenjura, Mittelland und die Alpen.

Die Schafmatt ist ein beliebtes Wanderziel. Hier kreuzen sich Wanderwege aus den verschiedensten Richtungen. Das Naturfreundehaus bietet an Wochenenden Verpflegungs- und Beherbergungsmöglichkeit.

Nördlich von Aare/Limmat 46

Unser rot-gelb markierter Jurahöhenweg führt durch die Weite der Schafmatt, steigt die bewaldete Südflanke des Leutschenberges hinauf zu den Bergmatten und zum Burggraben. Häufige Richtungswechsel, Höhendifferenzen und zum Teil abrupte Änderungen im Wegcharakter erfordern die ständige sorgfältige Beachtung der Markierung.
Nach dem Burggraben gelangen wir bald in das weit offene Weidegebiet von Burg und Birrmatt mit prächtigen Einzelbäumen und Baumgruppen. Ein letzter Aufstieg an der Weidescheune vorbei, und wir sind auf dem Weg zur *Froburg,* einem Ausflugsrestaurant mit Hotelbetrieb.
Für den Abstieg nach *Hauenstein*-Löwen, der rund 200 m oberhalb des Restaurants beginnt, müssen wir zum Teil die Fahrstrasse benützen; um so mehr geniessen wir die belagsfreien Abschnitte über Feld und Wald. In einer Dreiviertelstunde erreichen wir die Haltestelle des Stadtomnibus Olten.

Abzweigungen
a) Herzberg-Hof–Herzberg 5 Min.
b) Egghalden–Salhöhe 🚌 35 Min.
c) Salhöhe 🚌–Nesselgraben–Schafmatt (NFH) 1 Std.
d) Geissflue–Rohrerplatte–Barmelweid 🚌 30 Min.
e) Schafmatt (NFH)–Oltingen 🚌 45 Min.

Rast auf dem Juraübergang Bänkerjoch in der Nähe der Staffelegg. Es ist der Schnittpunkt verschiedener Wanderrouten mit dem Jurahöhenweg (Routen 11, 12).

13 Rheinfelden–Stift Olsberg–Liestal

Vom Rheintal auf einem Teilstück des Interregio-Wanderweges über den Liestaler Hausberg ins Baselbiet.

Route	Höhe in m	Hinweg	Rückweg
Rheinfelden	285	–	4 Std. 30 Min.
Stift Olsberg	360	1 Std. 30 Min.	3 Std. 10 Min.
Hersberg	510	2 Std. 40 Min.	1 Std. 55 Min.
Stächpalmenhegli (Windentalhöhe)	497	3 Std.	1 Std. 35 Min.
Schleifenberg (Aussichtsturm)	606	3 Std. 30 Min.	1 Std. 10 Min.
Liestal	327	4 Std. 25 Min.	–

Beim Bahnhof *Rheinfelden* (S.129) benützen wir die Unterführung und gelangen auf dem Alleeweg und über die Autobahnbrücke zum Belchenblick. Das nun folgende Plateau baut sich aus Muschelkalk und tieferliegenden älteren Triasschichten auf. Stark ausgelaugte ältere Deckenschotter bedecken den Kalkuntergrund und treten als nagelfluhähnliche Bänke an der Geländekante zutage. Grosser Farnreichtum. Wanderung durch den Wald an zwei Dolinen vorbei über die Anhöhe Weid zum *Stift Olsberg*. Ehemaliges, um 1236 gestiftetes Zisterzienserinnenkloster, 1790–1806 adeliges Damenstift, seit 1840 Erziehungsheim. Die heutige christkatholische Kirche wurde nach einem Brand 1427 neu gebaut und im 17./18. Jh. barockisiert. Nach der Postautohaltestelle überschreiten wir den Violenbach (Kantonsgrenze) und wandern über sanfte Hügel mit Ausblicken ins Tal nach dem Waldeinschnitt zwischen den Erhebungen Eileten und Halmet. Hier mündet der Jurahöhenweg Rheinfelden–Schafmatt in unseren Interregio-Wanderweg ein, wobei unsere Waldstrasse für kurze Zeit im Kanton Aargau verläuft. An zahleichen Kirschbäumen vorbei wird *Hersberg* erreicht.

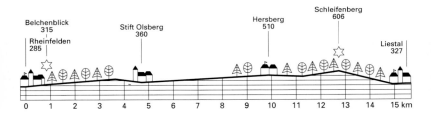

Links der Wegspinne befindet sich der sogenannte Olsbergerhof, welcher im 16. Jh. erbaut und 1748 erhöht wurde. Rundbogiger Eingang mit mehrteiligem Fenster. In der Rabatte neben dem gediegenen Dorfbrunnen aus Kalkstein mit der Jahreszahl 1877 ist ein Granitblock aus dem Schwarzwald (Kandertal) plaziert. Rechts neben der Strasse beachten wir das Gebäude Nr. 16 aus dem Jahre 1687 mit der Inschrifttafel in ländlichem Barock.
Hier verlassen wir den Jurahöhenweg. Ungefähr 100 m unterhalb der ARA biegen wir von der Strasse Arisdorf–Hersberg nach links ab, um durch den Wald zum *Stächpalmenhegli* anzusteigen. Dieser Passübergang wird auch als Windentalhöhe bezeichnet (Postautohaltestelle). Auf markiertem Waldweg mit verschiedenen Ausblicken ins Tal erreichen wir den Aussichtsturm *Schleifenberg;* dabei achten wir darauf, die geteerte Zufahrtsstrasse zu vermeiden. Umfassender Blick ins obere Baselbiet. Entlang dem Abbruchrand der Hauptrogensteinplatte beginnt der Abstieg, welcher am Aussichtspunkt Roti Flue vorbeiführt (Ausblicke auf Liestal, Lausen und Richtung Waldenburg). Nachdem wir der Baumschule entlanggewandert sind, ist die Waldstrasse zweimal zu queren, und wir haben nach links abzusteigen. Ausgedehnte Buchsbestände *(Buxus sempervirens)*. Dieser immergrüne Strauch bringt beinahe einen mediterranen Aspekt in unsere Laubwälder. In unserem Gebiet ist er spontan – d. h. via Savoyen und Rhonetal – eingewandert, während er in der übrigen Schweiz von verwilderten Beständen stammt (u. a. Hecken), die seit der Römerzeit eingeschleppt wurden. Auch die Stinkende Nieswurz findet unsere Aufmerksamkeit. Nach dem Waldaustritt führt die Strasse zur Ergolz. Hier ist ein Abstecher zur römischen Wasserleitung im Heidenloch möglich (Hin- und Rückweg mit Besichtigung ca. 30 Min.). Beim Gestadeckplatz halten wir auf der Gerbestrasse rechts, und nach der Brauerei Ziegelhof gelangen wir über den Schleifewuhrweg und die Allee zum Bahnhof *Liestal* (S. 128).

Abzweigungen
a) Stächpalmenhegli 🚌 – Lausen 🚶 45 Min.
b) Roti Flue–Chapf–Augst–Kaiseraugst 🚶 🚌 1 Std. 50 Min.

14 Magden–Kaiseraugst

Vorwiegend Waldwanderung zu den römischen Sehenswürdigkeiten von Augusta Raurica.

Route	Höhe in m	Hinweg	Rückweg
Magden	325	–	2 Std. 5 Min.
Weid	425	45 Min.	1 Std. 20 Min.
Abzw. Giebenach	370	1 Std. 15 Min.	45 Min.
Liebrüti	295	1 Std. 40 Min.	15 Min.
Kaiseraugst	274	1 Std. 55 Min.	–

Magden ist mit dem Postauto ab Rheinfelden oder Gelterkinden erreichbar. Erwähnenswert ist die christkatholische Pfarrkirche St. Martin in prächtiger Höhenlage. Beim nachgotischen Neubau von 1620 wurde der mittelalterliche Käsbissenturm wiederverwendet. Bekannt ist auch die schwefelhaltige Magdalenenquelle, die verschiedene Dorfbrunnen speist. Von der Post wandern wir Richtung Süden und zweigen nach 100 m rechts ab. Vorzüglich angelegte Fusswege zum Dorfausgang. Wir verlassen die Talroute, welche nach Rheinfelden führt, und steigen durch den angenehmen Niederwald an. Beidseits des Weges Stechpalmensträucher. Bei einer Holzhütte wird der mit einem grünen Dreieck markierte Waldlehrpfad gequert. Unsere Route mündet in den Jurahöhenweg (gleichzeitig Interregio-Wanderweg) ein, den wir jedoch beim Standort *Weid* wieder nach rechts verlassen. Entlang dem Waldrand mit Aussicht in den Baselbieter Jura und auf das ehemalige Stift Olsberg. Der Frauenwald ist von kantonaler Bedeutung und birgt eines der grössten Vorkommen von Deckenschottern im Kanton Aargau und in der Schweiz. Die spezielle Morphologie dieses Gebietes sollte unbedingt in ihrer heutigen Form erhalten bleiben.

Leicht absteigend, benützen wir gut unterhaltene Waldwege (Chilchweg, Fluegraben) und gehen bei der *Abzweigung Giebenach* geradeaus. Nach dem Waldaustritt zuerst parallel zur Autobahn und diese auf einer Brücke

Altstadtfront von Rheinfelden, am strömenden Fluss gelegen. Die älteste Zähringerstadt der Schweiz ist dank ihrer Solbäder international bekannt.

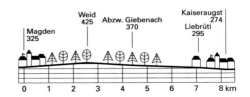

Nördlich von Aare/Limmat

überschreiten. In der *Liebrüti* beachten wir den markierten Zugang zur römischen Ziegelei und Stadtmauer. Unmittelbar nachher Abzweigung nach rechts und Wanderung oberhalb des Violenbaches zur Kantonsstrasse, wobei unmittelbar vor der Strasse sich ein Abstecher zum römischen Gewerbehaus lohnt. Den Bahnhof *Kaiseraugst* erreichen wir durch die Unterführung (über die römischen Sehenswürdigkeiten in Kaiseraugst und Augst S.125, 131).

Abzweigungen
a) Weid–Rheinfelden 🚆 🚌 1 Std.
b) Weid–Olsberg Dorf 🚌 15 Min.
c) Weid–Stift Olsberg 🚌 15 Min.
d) Abzw. Giebenach–Giebenach 🚌 25 Min.

15 Rheinfelden–Sunnenberg–Maisprach–Gelterkinden

Von der Bäderstadt am Rhein über einen Aussichtsberg ins Ergolztal.

Route	Höhe in m	Hinweg	Rückweg
Rheinfelden 🚆 🚌	285	–	4 Std. 35 Min.
Galgen	449	1 Std. 10 Min.	3 Std. 35 Min.
Sunnenberg	632	2 Std.	2 Std. 55 Min.
Maisprach 🚌	370	2 Std. 40 Min.	2 Std.
Höchi	558	3 Std. 55 Min.	55 Min.
Gelterkinden 🚆 🚌	403	4 Std. 45 Min.	–

Ab Bahnhof *Rheinfelden* (S.129) benützen wir den Fussweg zuerst nördlich, dann südlich entlang der Bahnlinie bis zur Hauptstrasse Rheinfelden–Möhlin. Auf dem Trottoir entlang dieser Strasse und durch die bemalte

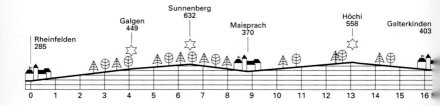

Unterführung zum Waldrand. Für die Cristallintherme, die im Schiffacher erbohrt wurde, ist ein Ausbauprogramm vorgesehen. Die Rosshimmelbrükke überquert die Autobahn. Der Wanderweg ist zum Teil gleichzeitig Waldlehrpfad. Aufschluss im Muschelkalk und in der Deckenschotternagelfluh rechts vom Weg. Aufstieg vorbei an Waldhütte mit Rastplatz. Hier Abstecher zu der 3-Stern-Eiche möglich (hin und zurück 8 Min.). Im Mittelalter war die Eiche als Fruchtbaum für die Schweinemast sehr beliebt, aber auch als Rinden-, Bau- und Brennholzlieferant. Der Neui-Welt-Weg bringt uns zum Aussichtspunkt *Galgen* (Blick auf Rheinfelden, Schwarzwald und ins Baselbiet). Unser Wanderweg führt über die Krete, an einer Mergelgrube vorbei und steigt nach rechts auf den *Sunnenberg*. Es lohnt sich, den Aussichtsturm zu besteigen. Bei klarem Wetter umfassende Aussicht: Gisliflue, Tiersteinberg, Wasserflue, Geissflue, Ruine Farnsburg, Schafmatt, Belchenflue, Sissacher Flue, Passwang, Titlis, Urirotstock, Wetterhorn, Eiger, Mönch, Jungfrau, Wildstrubel, Chrischona, Dinkelberg, die Schwarzwaldgipfel Blauen, Belchen und Hohe Möhr sowie das Dorf Gersbach.

Der *Sunnenberg* besteht aus einer Rogensteinscholle. Abstieg im Wald mit Stechpalmen und Nieswurz. 50 m nach dem Ende des Waldrandweges biegen wir nach rechts ab zum Dorf *Maisprach.* Ein Abstecher zur reformierten Pfarrkirche im ummauerten Friedhof ist empfehlenswert (Hin- und Rückweg auf der Möhlinstrasse). Ausgrabungen ergaben eine römische Villa mit Bad und einem frühmittelalterlichen Steinbau. Das Ortsbild weist besonders bemerkenswerte und wertvolle Gebäude auf. Beim Brunnen mit Kalksteinblock die Strasse verlassen und auf schmalem Fussweg links an einem grösseren Haus vorbei zum Bad Maisprach aufsteigen. Die Wanderung gewährt Ausblicke auf die andere Talseite und führt an Waldpartien entlang und durch solche hindurch zur Hochebene Breitfeld. Angenehme Höhenwanderung am Staufenhof vorbei zur Rickenbacher *Höchi,* die gleichzeitig als Passübergang zwischen Rickenbach und Wintersingen dient. Die alte Scheune nördlich der Passhöhe verdient unsere Aufmerksamkeit. Der Jurahöhenweg Rheinfelden–Sissacher Flue–Farnsburg–Schafmatt wird hier gequert. Ein grösseres Panorama belohnt unsere Anstrengungen. Ab Hof Dotmessen Fahrsträsschen, das in der Nähe des von Grandchamps-Schwestern geführten Retraitenhauses Sunnenberg vorbeiführt. Durch Einfamilienhausquartiere wird der Bahnhof *Gelterkinden* (S. 127) erreicht.

Abzweigungen
a) Galgen–Magden ▰▰ 20 Min.
b) Sunnenberg–Zeiningen ▰▰ 45 Min.
c) Sunnenberg–Buus ▰▰ 1 Std. 15 Min.
d) Stockacker–Buus ▰▰ 20 Min.

16 Frick–Farnsburg–Gelterkinden

Vom Fricktal über verschiedene Hügelketten ins Ergolztal. Ziemlich viel offenes Gelände, daher eher für Frühjahr und Herbst geeignet.

Route	Höhe in m	Hinweg	Rückweg
Frick	361	–	4 Std. 50 Min.
Wolberg	545	55 Min.	4 Std. 5 Min.
Schupfart	446	1 Std. 20 Min.	3 Std. 35 Min.
Hellikon	415	2 Std. 30 Min.	2 Std. 25 Min.
Junkerschloss	599	3 Std. 25 Min.	1 Std. 40 Min.
Farnsburg	642	4 Std. 5 Min.	1 Std. 5 Min.
Gelterkinden	403	4 Std. 55 Min.	–

Vom Bahnhof *Frick* (S.127) in südlicher Richtung auf dem Trottoir dem Bahndamm entlang und durch die Unterführung nach Gipf, einem Dorfteil von Gipf-Oberfrick. Aussichtsreicher Anstieg auf dem breiten Rücken der Egg zum *Wolberg*. Beim Wasserreservoir der Gemeinde Schupfart gediegener Rastplatz. Am Wanderweg nach *Schupfart* einige Wochenendhäuschen. Die Pfarrkirche St. Leodegar ist eine einfache, 1796–1802 erbaute Saalkirche. Nördlich des Dorfes der Burghügel Herrain als künstlich aufgeschütteter kegelförmiger Hügel, vermutlich Überrest einer Wehranlage aus der Frühzeit des mittelalterlichen Burgbaus. Vom Wegweiserstandort gelangen wir auf der Turnhallenstrasse durch ein Einfamilienhausquartier zum Flugplatz Schupfart.

Über den flachen Hügelzug des Wabrig mündet unser Weg in die Wanderroute, die von Obermumpf herkommt. Als Abstieg dienen uns zuerst ein alter Waldweg und anschliessend Quartierstrassen zum Dorfe *Hellikon*. Kapelle St. Wendelin aus dem 16. Jh., Sebastianskapelle aus dem 17./18. Jh. 1875 stürzte an der Weihnachtsfeier das Treppenhaus des erst zehnjährigen Schulhauses ein. Dieses schreckliche Unglück forderte 73 Tote. Am Ende des Dorfes zweigen wir nach rechts ab. Der Wanderweg ist gleichzeitig Waldlehrpfad. Auf dem Hügel Egg steht eine Linde mit Holzkreuz; ausge-

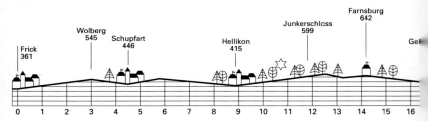

Die Pfarrkirche von Frick stammt aus dem frühen 18. Jh. Der prunkvolle Hochaltar soll ein Geschenk der Kaiserin Maria Theresia sein. Auf dem Kirchhügel stand ursprünglich eine mittelalterliche Kirchenburg (vgl. auch «Heimatkundliche Notizen», S.127). Frick ist Ausgangspunkt verschiedener Wanderrouten. Nahegelegene Ausflugsziele sind die Ruinen Homberg und Thierstein.

zeichnete Sicht auf Wegenstetten, Wolberg, Tiersteinberg und Schwarzwald. Beim *Junkerschloss* mündet unsere Route in den Jurahöhenweg ein. Anschliessend angenehme Höhenwanderung über Ischlag und Schlegel zum Restaurant *Farnsburg*.

Ein Abstecher zur Burgruine Farnsburg auf dem Farnsberg lohnt sich. Erbaut in der ersten Hälfte des 14. Jh. durch die Grafen von Thierstein, 1461–1798 Basler Landvogteisitz, 1798 von den aufständischen Bauern zerstört. Die Ruine diente jahrzehntelang als Steinbruch. Restaurierung 1930/31. Ausgezeichnete Fernsicht über das Rheintal hinweg in den Schwarzwald und bei klarem Wetter bis in die Alpen.

Ab Restaurant Hin- und Rückweg zur Ruine ungefähr 30 Min. Angenehmer Abstieg durch den Wald und offenes Gelände, vorbei an den Höfen Homberg durch Einfamilienhausquartiere zum Bahnhof *Gelterkinden* (S.127).

Abzweigungen
a) Schupfart ▭–Stein-Säckingen 🚂 ▭ 1 Std. 5 Min.
b) Abzw. Wabrig–Obermumpf ▭ 30 Min.
c) Abzw. ob Hellikon–Zeiningen ▭ 1 Std. 55 Min.
d) Hellikon ▭–Wegenstetten ▭ 35 Min.
e) Junkerschloss–Ormalingen ▭ 50 Min.

17 Frick–Tiersteinberg–Wittnau

Sehr lohnende Wanderung mit zahlreichen Aussichtspunkten und historischen Sehenswürdigkeiten. Gutes Schuhwerk erforderlich.

Route	Höhe in m	Hinweg	Rückweg
Frick	361	–	2 Std. 55 Min.
Ruine Tierstein	615	1 Std. 15 Min.	1 Std. 55 Min.
Buschberg	690	2 Std. 10 Min.	1 Std. 5 Min.
Wittnauer Horn	668	2 Std. 25 Min.	50 Min.
Wittnau	404	3 Std.	–

Beim Bahnhof *Frick* (S. 127) orientieren wir uns am Wegweiserstandort. Auf dem Trottoir entlang des Bahndammes und durch die Bahnunterführung nach Gipf. Gediegenes Kreuz aus Jurakalk und Inschrift «Im Kreuz ist Heil 1484–1984». Wir beachten die Routentrennung und benützen die Müli- und Trottgass, vorbei an älteren Häusern. Vergoldeter Kruzifixus am Steinkreuz von 1886. Anstieg über die Krete Egg. Während des Aufstiegs schöner Rückblick nach Frick, Frickberg, Gipf-Oberfrick, Chornberg, Fürberg, Strihen, Schinberg und Schwarzwald. 1958 legte auf der Egg, wo schon 1955 bei Tiefbohrungen und Bodensondierungen ein Römerweg gefunden wurde, ein junger Bauer beim Pflügen des Feldes einen römischen Ziegelstein frei. Im Mittelalter hiess diese Gegend Romegg bzw. Römeregg. Auf der Anhöhe verlassen wir die Route nach Schupfart und wandern am Hof Chaltenbrunnen vorbei zur *Ruine Tierstein* in prachtvoller Höhenlage mit Aussicht nach Süden Richtung Linnerberg–Strihen. Ehemaliger Stammsitz der Grafen von Tierstein, auch Alt-Tierstein genannt, im 11.–15. Jh. bewohnt, danach zerfallen. Die Überreste der ausgedehnten, in 3 Terrassen angelegten Burg wurden 1934/35 und 1965/1966 ausgegraben und konserviert. Neurestaurierung 1989.
Die Deckschicht des Tiersteinberges, bestehend aus den Kalken des Hauptrogensteines (Dogger), bildet den Ausgangspunkt für das Sackungsgebiet

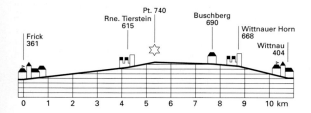

am östlichen Abhang dieser Juratafel. Verschiedene Pakete von Hauptrogenstein sind auf den tonigen und mergeligen Schichten des Unteren Doggers und des Lias abgeglitten. Auf einem riesigen Block von Hauptrogenstein liegt die Burgruine Tierstein.
Für unser Ziel Wittnau wählen wir den längeren Weg über den Tiersteinberg. Rechts abzweigen und auf schmalem Pfad wieder auf eine Waldstrasse, die vor der auslaufenden Krete links wieder verlassen wird, um auf steinigem Weg zur steil abfallenden Gratkante des Tiersteinberges aufzusteigen. Die in der Karte enthaltende Bezeichnung Ambleije weist auf die Fricktaler Eisenindustrie hin (Blayen sind Eisenschmelzen). Auf dem Tiersteinberg bei Pt. 749 ausgedehnte Aussicht nach Norden, nämlich auf Fricktal, Rhein, Schwarzwald. Skulptur von Agustoni zur Erinnerung an die Errichtung dieses Aussichtspunktes (1975). Der Wanderweg führt am Rande der Abbruchfläche zur Fazedelle (ehemaliger Kohlplatz – Holzkohle). Hier verlassen wir den Fricktaler Höhenweg. Bei der Wegspinne *Buschberg* nach links abzweigen. Ein Abstecher zur Wallfahrtskapelle Buschberg (geradeaus weitergehen) lohnt sich. Bei der Kapelle schöne Rundsicht in unmittelbarer Nähe der Kantonsgrenze Aargau/Basel-Landschaft. Aus Dankbarkeit für die Verhinderung eines Unglücksfalles errichtete 1668 der Müller von Kienberg, Benedikt Martin, ein Kreuz. Viele haben sich seither an dieser Stelle in Gottes freier Natur eingefunden. Gemäss einer Inschrift haben im Jahre 1843 drei Männer frevelhaft und mutwillig das Kreuz umgehauen. Zwei erlitten ein jähes Ende, und der dritte bekannte das Vergehen auf dem Totenbett im Jahre 1848. Das gegenwärtige Kreuz liess die Gemeinde Wittnau errichten. 1868 bekam es ein schirmendes Dach.
Nördlich des Hofes Buschberg biegt der Wanderweg nach rechts ab. Auf der Buschberghochfläche, rund 200 m nordöstlich des Hofes (Koord. 638 700/ 259 485), liegt auf freiem Feld auf 675 m Höhe ein rostfarben verwitterter und stark mit Flechten überzogener Hornblendegneis-Findling aus dem Wallis. Dieser Block war bereits dem Geologen F. Mühlberg bekannt, der ihn 1869 und 1878 inventarisierte. Es führt kein Weg zu dieser Örtlichkeit, und die Abzweigung ist auch nicht gekennzeichnet. Auf das Privateigentum ist dabei Rücksicht zu nehmen.
Waldwege führen uns zum Refugium *Wittnauer Horn*. Die unscheinbare Abzweigung zur Besichtigung der Refugiumsmauer erfordert unsere Aufmerksamkeit. Das Gelände dieser Wehranlage, die G. Bersu im Jahre 1934/ 35 mit einem Arbeitslager ausgegraben hat, ist sehr umfangreich. Es handelt sich um eine der am besten untersuchten spätrömischen Bergbefestigungen der Alpen bzw. Voralpen. Die Mauerrückstände, die aus verschiedenen Zeitepochen stammen, ergaben, dass an dieser Stätte in der Bronzezeit zum erstenmal gebaut wurde. Die zweite Besiedlung fand zur Hallstattzeit

«Land der braunen Ackerbreiten, goldner Frucht im Sonnenbrand, Land der heitren Hügelweiten, Wiesen, lieblich hingereihten an der dunklen Wälder Rand»: Adolf Haller hat es im «Lied vom Aargau» mit poetischer Liebe besungen; dem Wanderer eröffnet sich das Aargauer Land auf imposante Weise beim Ausblick vom Zeiher Homberg gegen Norden, im weiträumigen Wandergebiet des Aargauer Tafeljuras.

(1200–450 v. Chr), die dritte zur Römerzeit statt. Im Refugium und in seiner unmittelbaren Umgebung wurden Münzen gefunden, geprägt 70–250 n. Chr. vor allem unter Titus. Eine weitere, vierte Besiedlungszeit schreibt E. Gersbach 1968 den Franken im 8. Jh. zu. Der hl. Martin, Schutzpatron des merowingisch-fränkischen Reichs, ist zugleich Kirchenpatron von Wittnau. Die Münzen vom Refugium Wittnauer Horn befinden sich im Fricktaler Heimatmuseum in Rheinfelden.

Nun folgt ein steiler Abstieg über die Grotte und durch den Rebberg nach *Wittnau,* welches ein Dorfbild von nationaler Bedeutung besitzt.

Bereits im Jahre 838 wird das alemannische Witinhova erstmals urkundlich erwähnt. Nebst Rebbau und Viehzucht boten in früheren Jahrhunderten der Eisenerzabbau in Wölflinswil und nach 1806 die Seidenbandweberei Verdienstmöglichkeiten für die Bevölkerung des Ortes. Wittnau wurde zum

Heimposamenterdorf. Nicht selbstverständlich für diese Gegend ist die Qualität der grossen Vorplätze. Sehenswert ist der Kirchenbezirk mit seinen intakten Höfen und dem ummauerten Kirchenhof. Unterhalb der Kirche steht das markante Pfarrhaus von 1742.

Für die Rückfahrt mit dem Postauto nach Frick oder Aarau ist die südlich der Strasse gelegene Haltestelle zu benützen.

Abzweigungen
a) Ruine Tierstein–Homberg–Ruine Homberg (Aussichtspunkt)–Wittnau 1 Std. 5 Min.
b) Abzw. östl. Ende Tiersteinbergkrete–Schupfart 30 Min.
c) Tiersteinberg–Homberg–Ruine Homberg (Aussichtspunkt)–Wittnau 1 Std.
d) Fazedelle–Schupfart 45 Min.
e) Buschberg–Anwil 55 Min.
f) Buschberg–Wegenstetter Flue–Rothenfluh 1 Std. 40 Min.
g) Buschberg–Wegenstetten 40 Min.
h) Buschberg–Kapelle Buschberg 5 Min.

Nördlich von Aare/Limmat

18 Wildegg–Gisliflue–Staffelegg

Vom Aaretal über den Südabhang der ersten Jurakette zur Gisliflue – dem wohl schönsten Aussichtspunkt des Aargaus – und vom Gipfel hinab zur Staffelegg.

Route	Höhe in m	Hinweg	Rückweg
Wildegg	354	–	2 Std. 35 Min.
Veltheimerberg	516	55 Min.	1 Std. 50 Min.
Gisliflue	772	1 Std. 50 Min.	1 Std. 10 Min.
Gatter	643	2 Std. 5 Min.	50 Min.
Staffelegg	621	3 Std.	–

Am Bahnhof *Wildegg* beachten wir bei der Unterführung den Wegweiserstandort. Dort finden wir nähere Angaben auch für unsere Route. Wir überqueren die Aare, steigen unmittelbar nach der Brücke nach rechts in die Flussebene ab, biegen nach rund 50 m nach links ab und erreichen auf einem Feldweg den vor uns liegenden Weiler Au. Bei der Bushaltestelle überschreiten wir die Strasse Auenstein–Veltheim.
Au gehört politisch teils zu Veltheim, teils zu Auenstein. Wir steigen die Dorfstrasse hinan, vorbei an Gärtnereibetrieben. Nach der Überbauung wird unser Weg belagsfrei. Wir geniessen die Juralandschaft und freuen uns auch über die Aussicht ins Aaretal und Mittelland. Weiter oben gelangen wir in den Bereich der Steinbrüche der Zementfabriken. Wir steigen längs einer Transportanlage hinan, benützen eine kurze Strecke die Verbindungsstrasse Auenstein–Veltheim und erblicken von einer Brücke tief unter uns das Verkehrs-Sicherheits-Zentrum Veltheim. Nach dieser Brücke biegen wir links ab und erreichen über die Egg den *Veltheimerberg* mit zwei landwirtschaftlichen Siedlungen. Beim ersten, dem Bergmatthof, macht die Route eine Rechtsbiegung.
Wir steigen zum Waldrand hinauf, folgen diesem westwärts und achten nach dem Eintritt in den Wald sorgfältig auf den steilen Aufstieg zum Gratweg. Hier sind Vorsicht und gutes Schuhwerk unerlässlich. Über den bewal-

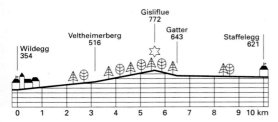

deten Grat erreichen wir die *Gisliflue*. Der Rundblick ist einmalig, besonders eindrücklich bei Föhnlage oder wenn im Herbst nur die Bergrücken und Gipfel aus den mit Nebel gefüllten Tälern herausragen. Nach wohlverdienter Rast steigen wir ab zum *Gatter,* dem Schnittpunkt verschiedener Wanderrouten. Von hier sind wir in 1 Std. bei der Bushaltestelle *Staffelegg* und bei dem auf der Passhöhe gelegenen Ausflugsrestaurant. Unterwegs Aussicht ins Schenkenberger Tal mit den Rebbergen, der imposanten Ruine Schenkenberg, dem Schloss Kasteln und in die vielgestaltige Juralandschaft.

Abzweigungen
a) Gatter–Thalheim 🚌 40 Min.
b) Gatter–Rupperswil 🚋 1 Std. 5 Min.
c) Gatter–Biberstein 🚌 30 Min.
d) Gatter–Küttigen 🚌 1 Std. 50 Min.

19 Brugg–Linn–Staffelegg

Abwechslungsreiche Jurawanderung mit grösseren Waldstrecken und wenig Festbelag. Teilstück der Jurahöhenwege und des Europäischen Fernwanderweges E 4.

Route	Höhe in m	Hinweg	Rückweg
Brugg 🚋 🚌	352	–	3 Std. 55 Min.
Vier Linden 🚌	514	1 Std. 20 Min.	2 Std. 50 Min.
Linn (Linde) 🚌	580	2 Std.	2 Std. 15 Min.
Linnerberg	722	2 Std. 30 Min.	1 Std. 50 Min.
Chillholz	649	3 Std. 5 Min.	1 Std. 10 Min.
Staffelegg 🚌	621	4 Std. 15 Min.	–

Vom Bahnhof *Brugg* (S.126) benützen wir die Bahnhof- und die Hauptstrasse Richtung Norden durch die malerische Altstadt zur Aare. Beim

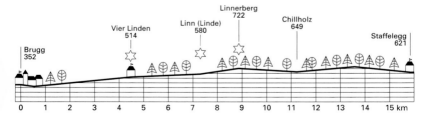

Schwarzen Turm Brücke über die tief unten zwischen ausgewaschenen Kalkfelsen dahinfliessende Aare. Seit der Sprengung der Stromschnellen von Laufenburg um 1920 ist dieses Naturdenkmal im Kanton Aargau einmalig. Nun links und 200 m der stark befahrenen Baslerstrasse entlang, dann rechts zum Remigersteig und auf diesem ansteigen. Nach dem Waldeintritt verlassen wir die Fahrstrasse und steigen links über Treppenstufen im Wald zu einer Anhöhe. Bis zum Waldaustritt angenehme Wege und vorbei an Einfamilienhäusern und einigen Lesesteinen (versetzte erratische Blöcke) bis zur Strassenkreuzung im neuen Dorfteil Riniken.
Durch Quartierstrassen und Feldwege mit schönen Ausblicken ins Aaretal wird der Weiler *Vier Linden* mit dem gleichnamigen Gasthof erreicht. Überquerung der Bözbergpassstrasse und beim Bauernhaus auf einem Feldweg nach links. Das Hochplateau bietet eine umfassende Aussicht (Brugg, Lägeren, Aaretal, Heitersberg, Birrfeld, Chestenberg, Gebenstorfer Horn). Nach 200 m rechts und entlang dem Waldrand zum Hof Graben. Hier links und durch den Widacherwald nach *Linn* (Linde). Sehenswerte 700–800 Jahre alte Linde. Der unter Naturschutz stehende Baum hat einen Stammumfang von 11 m.
Der Aufstieg zum Linnerberg gewährt grossartige Ausblicke: Siggenberg, Bruggerberg, Geissberg, Schinberg, Hotzenwald, Frickberg und Tiersteinberg. Auf dem *Linnerberg* können wir den Rastplatz benützen (Ruhebänke und Feuerstelle).
Weiter in gleicher Richtung über die Krete. Durch den Zimmerenwald mit Beständen der Schwarzen Tollkirsche *(Atropa belladonna)* und der Stinkenden Nieswurz *(Helleborus foetidus)* hinunter zur Juraweide Buechmatt (Rundsicht!). Prächtige Linde und Kastanienbaum. Am westlichen Ende der Weide links auf einem Strässchen zur Wegverzweigung *Chillholz*. Im Süden die weithin sichtbare Ruine Schenkenberg und die Gisliflue. Durch den Chläbwald und in einem Linksbogen in den Sattel des Hard. Rechts oberhalb des Bauernhofes vorbei und hinunter zum Parkplatz. Auf der Strasse erreichen wir die Passhöhe *Staffelegg*. Die Staffelegg ist ein alter, schon zur Römerzeit bekannter Juraübergang, 1804–1810 als kürzeste Verbindung zwischen Aarau und dem Fricktal ausgebaut.

Abzweigungen
a) Linn (Linde) ▄▄–Villnachern ▄▄ 40 Min.
b) Linn (Linde) ▄▄–Effingen ▄▄ 55 Min.
c) Abzw. östl. Buechmatt–Schinznach Dorf ▄▄ 1 Std.
d) Chillholz–Thalheim ▄▄ 45 Min.
e) Chillholz–Ruine Schenkenberg 35 Min.

20 Brugg–Schinberg–Laufenburg

Abwechslungsreiche Wanderung durch den Aargauer Jura von der Aare zum Rhein; Jurahöhenweg.

Route	Höhe in m	Hinweg	Rückweg
Brugg	352	–	5 Std. 15 Min.
Kirchbözberg	479	1 Std. 20 Min.	4 Std. 10 Min.
Oberbözberg	556	1 Std. 40 Min.	3 Std. 55 Min.
Sennhütten	634	2 Std. 30 Min.	3 Std. 5 Min.
Schinberg	692	3 Std. 35 Min.	2 Std. 5 Min.
Sulzerberg	510	4 Std.	1 Std. 30 Min.
Laufenburg	318	5 Std. 15 Min.	–

Vom Bahnhof *Brugg* (S.126) bis zur Abzweigung der Route nach der Staffelegg siehe Route 19. Bei der Routengabelung wandern wir geradeaus auf dem Krähtalweg und überqueren später die Strasse Brugg–Riniken. Nach dem Anstieg das Strässchen östlich des Schiessplatzes auf einer Treppe rechts verlassen und schräg durch eine Wiese. Über die Kuppe des Wuestwaldes erreichen wir *Kirchbözberg*. Mit dem Pfarrhaus und der Pfarrscheune zusammen bildet die freundliche Dorfkirche eine Baugruppe von eindrücklicher Geschlossenheit. Käsbissenturm von 1834; romanisch-gotisches Schiff von 1483. Pfarrhaus 1664/65 erbaut. Kirchbözberg stellt gleichsam den Idealtypus eines Kirchweilers dar.
Anstieg auf Teersträsschen, nach 200 m Feldweg links benützen und hinauf zum Dorf *Oberbözberg*. Auf einem Hochplateau gelegenes Bauern- und Wohndorf. Die Ortsbezeichnung stammt vom keltischen Wort «botia», was Ställe, Häuser bedeutet. Die Gegend war schon in der jüngeren Steinzeit besiedelt. Zuerst Weitermarsch auf aussichtsreichen Hügel (Blick auf Geissberg, Bürersteig und Linnerberg) und ab Gewächshaus längeres Festbelagstück bis zum Reservoir der Wasserversorgung Bözberg mit Tisch und Ruhebänken (am Gebäude farbig gemalte Gemeindewappen). Unmittelbar nach der Tanksperre links Rastplatz mit Tischen und Bänken. Auf der An-

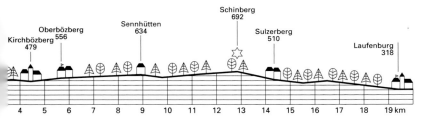

Die geschlossene Baugruppe von Kirchbözberg, einem typischen Kirchweiler. Zu ihm gehören Dorfkirche, Pfarrhaus und Pfarrscheune. Der Käsbissenturm der Kirche stammt aus dem Jahr 1834. Älter sind das romanisch-gotische Schiff (1483) und das Pfarrhaus von 1664/65 (Route 20).

höhe (Wasserscheide zwischen Rhein und Aare) bei klarer Sicht schöner Blick nach Norden bis weit in den Schwarzwald sowie nach Süden über die Jurahöhen und -täler hinweg zu den Alpen.
Bei den einsamen Häusern *Sennhütten* Wegspinne. Hier stossen wir auf den Fricktaler Höhenweg Frick–Etzgen. Strasse Elfingen–Mönthal queren und durch den Marchwald. Rechts am Wege restaurierte Marchsteine von 1571, welche die ehemalige Grenze zwischen Berner Aargau und Fricktal bezeichnen. Abzweigung Richtung Schinberg gut beachten; zuerst leicht absteigen (Solbacher) und dem Waldrand entlang Aufstieg zum *Schinberg.* Grosses weisses Kreuz, Ruhebänke. Prächtige Aussicht ins Fricktal, auf den Rhein und hinüber zum Schwarzwald. Der Schinberg war während der Risseiszeit eisfrei und ragte nur wenige Meter über die Eisfläche. Steiler Abstieg zum *Sulzerberg.* Strasse Kaisten–Sulz überschreiten und in nördlicher Richtung meistens durch Wald bis zur Abzweigung Heuberg. Hier lohnt sich ein kleiner Abstecher (hin und zurück 5–10 Min.) zum idyllischen Heubergweiher mit Rastplatz. Ebenen Wegs wandern wir zum Waldhaus (Ruhebänke, Tische, Unterstand). Links des Weges spassiger Erinnerungsstein mit behelmtem Soldatenkopf und Inschrift «Hier ruht unser Urlaub». Bei der TV-Antenne Gedenkstein für die beiden Stadtförster A. und K. Herzog. Nun steiler Abstieg am hübsch gelegenen Weiher vorbei zum Bahnhof *Laufenburg* (S.127).

Abzweigungen
a) Sennhütten–Effingen 🚌 1 Std.
b) Sennhütten–Bürersteig 🚌 1 Std. 10 Min.
c) Solbacher–Hornussen 🚌 1 Std.
d) Sulzerberg–Sulz 🚌 20 Min.

21 Villigen–Geissberg Chameren–Laubberg–Wil

Lohnende Wanderung vom Aaretal über die Jurahöhen Richtung Rheintal. Fast ausschliesslich auf Naturwegen und durch viel Wald.

Route	Höhe in m	Hinweg	Rückweg
Villigen 🚌	358	–	3 Std. 25 Min.
Besserstein	549	35 Min.	3 Std.
Geissberg Chameren	698	1 Std. 30 Min.	2 Std. 15 Min.
Bürersteig 🚌	550	1 Std. 55 Min.	1 Std. 55 Min.
Abzw. Bürerhorn	635	2 Std. 5 Min.	1 Std. 40 Min.
Laubberg	649	2 Std. 35 Min.	1 Std. 10 Min.
Wil 🚌	375	3 Std. 30 Min.	–

Mit dem Postauto ab Brugg Bhf. erreichen wir das stattliche Weinbauerndorf *Villigen*. Eine kurze Besichtigung lohnt sich; schöne Brunnen.
Unsere Wanderung beginnt bei der Post. Zunächst entlang dem Rebberg und dann durch den Wald teilweise steiler Anstieg zum langgestreckten Geissberg. Auf der Höhe angelangt, wenden wir uns zunächst ostwärts zum Aussichtspunkt *Besserstein*. Von der im 13. Jh. erbauten Burg sind, abgesehen vom 10 m tiefen Halsgraben, nur noch bescheidene Überreste erhalten. Um so eindrücklicher ist die Aussicht auf Aaretal, Jura, Schwarzwald, Mittelland und Alpen (Panoramatafel). Nach einer wohlverdienten Rast (Feuerstelle) verlassen wir den Besserstein und wandern, immer im Wald, nur wenig ansteigend zum Aussichtspunkt *Geissberg Chameren* am Westabsturz des langgezogenen Bergrückens. Prächtiger Ausblick in die Juralandschaft.
Wir folgen nun kurz der nordöstlich verlaufenden Krete des Geissberges und steigen, die Markierung beachtend, steil ab zum *Bürersteig*. Hier überschreiten wir die Kantonsstrasse, folgen einem historischen Weg kurz nordwärts und biegen dann nach links ab Richtung Laubberg. Wieder folgt ein

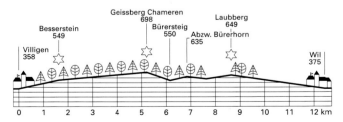

Nördlich von Aare/Limmat 64

zum Teil steiler Aufstieg. Wer über genügend Zeit verfügt, dem sei der Abstecher zum Aussichtspunkt *Bürerhorn* – Zeitbedarf für hin und zurück eine gute halbe Stunde – empfohlen. Zurück zur Laubbergroute geht's nordwärts auf und ab und dann entscheidend aufwärts zum höchsten Punkt des *Laubberges*. Der Wanderweg ist nun bis oberhalb Wil identisch mit dem blau markierten Fricktaler Höhenweg. Um uns die Landschaft des Tafeljuras: in den Tälern die noch weitgehend kompakten Dörfer, an den Hängen fruchtbares Bauernland mit vereinzelten landwirtschaftlichen Siedlungen und Rebbergen. Auf dem Laubberg kleine Kapelle mit anschliessendem Stationenweg am Abstieg nach *Wil*. Auf belagsfreiem Meliorationssträsschen erreichen wir unser Ziel, die Post Wil, von wo uns das Postauto nach Brugg zurückbringt.

Abzweigungen
a) Geissberg Chameren–Mandach 🚌 1 Std. 5 Min.
b) Bürersteig 🚌–Remigen 🚌 1 Std. 10 Min.
c) Abzw. Bürerhorn–Bürerhorn 10 Min.

An den Rebbergen bei Villigen beginnt der Weg, welcher durch diese Felsengruppe zum Aussichtspunkt Besserstein führt. Im 13. Jh. erbaut, ist die Burg bis auf einige bescheidene Überreste gänzlich abgetragen worden. Noch erkennbar ist der 10 m tiefe Halsgraben. Besserstein bietet eindrückliche Fernsicht auf Aaretal, Jura, Schwarzwald, Mittelland und Alpen (Route 21).

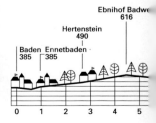

22 Baden–Endingen–Koblenz

Von der Bäderstadt an der Limmat durch das Studenland zum Zusammenfluss von Aare und Rhein. Teilstück des Dreiländerweges. Es besteht die Möglichkeit, die etwas weite Strecke in zwei Wanderungen aufzuteilen, nämlich Baden–Endingen und Endingen–Koblenz.

Route	Höhe in m	Hinweg	Rückweg
Baden	385	–	6 Std. 10 Min.
Hertenstein	490	45 Min.	5 Std. 30 Min.
Ebnihof Badweg	616	1 Std. 20 Min.	5 Std.
Endingen	386	2 Std. 25 Min.	3 Std. 40 Min.
Unterendingen	377	2 Std. 45 Min.	3 Std. 20 Min.
Tegerfelden	372	3 Std. 15 Min.	2 Std. 50 Min.
Acheberg	513	4 Std. 25 Min.	1 Std. 45 Min.
Koblenz Dorf	324	5 Std. 35 Min.	25 Min.
Koblenz Bhf.	320	6 Std.	–

Vom Bahnhof *Baden* (S. 126) begeben wir uns auf dem Eisenbahnweg zur Terrasse mit Springbrunnen (zentraler Wegweiserstandort). Die Ölrain- und Bäderstrasse führen uns zur Limmat; dabei beachten wir links die reformierte Kirche, die 1713/14 auf Veranlassung der eidgenössischen Stände Bern und Zürich errichtet wurde, das Schweizer Kindermuseum und den Kurpark. Bevor wir über die schiefe Brücke nach Ennetbaden gelangen, lohnt sich ein Abstecher ins Bäderquartier (Parkanlagen beim Römerbad, römischer Meilenstein, Verenahof, Kesselquelle). Die Kesselquelle ergoss sich in früheren Jahrhunderten direkt in ein Badebassin. Im Schacht war ein Gitter angebracht, so dass man bis auf Brusthöhe in ihr stehen konnte. Bei Renovationsarbeiten 1815 und 1854 fand man in ihr römische Relikte wie Marmorplatten, Siegelringe und Münzen. Das Wasser dient heute den therapeutischen Einrichtungen des Hotels Staadhof, früher im Besitz des Geschlechtes am Staad. Die letzte Renovation erfolgte 1936 mit der jetzigen Fassung und Beleuchtung: Tiefe 7,89 m, Erguss 17–26 Minutenliter, Temperatur

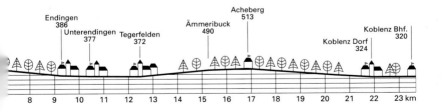

47 Grad. Die aufperlenden Gasblasen bestehen – wie in allen Badener Thermalquellen – aus 69,15% Stickstoff, 30,8% Kohlensäure und 0,05% Schwefelwasserstoff; Mineralgehalt ca. 4,5 g pro Liter.
Nach der Brücke 20 m links und dann rechtwinklig zur katholischen Kirche St. Michael in Ennetbaden ansteigen. Wir wandern auf der Bachtal-, Rebberg- und Geissbergstrasse durch ruhige Quartiere und den Rebberg mit Aussicht auf Baden, die Limmat, Turgi, Gebenstorfer Horn und Bruggerberg. Beim Schutzzaun für Steinschlag zuerst leichter Abstieg und im Wald auf Fussweg parallel zur Strasse nach dem Restaurant Hertenstein und weiter auf einem Mergelbankett zum Weiler *Hertenstein*. Wir beachten beim steinernen Kreuz die Routentrennung und steigen im Wald steil zur Hochebene empor. Vor dem Schützenhaus ist eine alte Kanone aufgestellt. Schöne Aussicht Richtung Alpen und Jura. Der Wegweiser bei der Gabelung *Ebnihof Badweg* zeigt uns den Waldeintritt. Im ausgedehnten Wald des Siggenberges führen uns angenehme Wege nach *Endingen;* dazwischen liegen die Rastplätze Gländ, Schoren und Langenforen (Waldhütte, Brunnen). Vor der kleinen Waldwiese Usserberg Aufschluss im Deckenschotter. Oberhalb des Loohofes Ausblick auf Surb- und Wehntal. Im Hohlweg ist der Sandstein aufgeschlossen. Die Postauto-Haltestelle *Endingen* erreichen wir via Eibenweg und Synagoge. Diese wurde 1845 von Caspar Joseph Jeuch im klassizistisch-maurischen Stil erbaut. In Endingen sind aus prähistorischer Zeit durchgehende Siedlungsspuren der mittleren Steinzeit, der Bronzezeit sowie der Römerzeit gefunden worden. Das Dorf ist eine alemannische Gründung.
In *Unterendingen* verlassen wir die Nebenstrasse und überqueren auf einer Steinbrücke die Surb, der wir nachher entlangwandern. Die Kirche mit dem stolzen Turm aus Jurakalk ist das Wahrzeichen des mittleren Surbtales. Es ist ratsam, bei diversen Abzweigungen gut auf die Markierung oder Wanderkarte zu achten.
In *Tegerfelden* malerische Häuser. In der reformierten Kirche Kabinettscheiben von 1663–1666; am 1968 erneuerten Pfarrhaus barockes Spruchrelief. St-Sebastians-Kapelle von 1664 mit zierlichem neugotischem Altärchen und Barockplastiken. Sogenanntes Gerichtshaus (Nr. 151) als dreigeschossiger nachgotischer Mauerbau mit akzentreicher Vorderfassade.
Durch die Strassenunterführung und am Gasthof Löwen vorbei, auf neuen Quartierstrassen und entlang einem Rebberg zum Waldrand, dem wir jetzt folgen. Prächtiger Rundblick auf Geissberg, Siggenberg und die nähere Umgebung. Wir benützen abwechslungsreiche Pfade, meistens entlang Waldrändern bis zur Abzweigung unterhalb des Zurzacherberges. Hier vereinigen sich der Dreiländerweg und die Schwarzwald-Veltlin-Route. Der Flurweg verläuft in der Mitte einer Waldwiese. Im Wald Richtungsänderung

und zum Rastplatz westlich des Ämmeribuckes. Einige erratische Blöcke. Wenn wir die Kurve des Waldweges oberhalb Probstberg um wenige Meter verlassen, wird dies mit der Aussicht ins Aaretal und auf den Jura belohnt. Auf dem *Acheberg* erfreut uns die 1660–1662 erbaute Loretokapelle in idyllischer Landschaftslage.

Unter grösstmöglicher Vermeidung der Zufahrtsstrasse erreichen wir meistens durch Wald *Koblenz Dorf*. Unmittelbar am Wanderweg Bahnhaltestelle. Nebenwege führen zu unserem Wanderziel *Koblenz Bahnhof*. Am Bahndamm der Verbindungslinie nach Waldshut zeigt uns die Signalisation Fernziele im Schwarzwald auf, nämlich Höchenschwand (Fortsetzung des Dreiländerweges) und Görwihl (Hotzenwald-Querweg).

Die Lage an der Einmündung der Aare in den Rhein gab Koblenz den Namen: lateinisch Confluentes = «die Zusammenfliessenden» (dasselbe Wort, das übrigens auch dem deutschen Koblenz zugrunde liegt).

Abzweigungen
a) Unterendingen Surbbrücke–Unterendingen 🚌 5 Min.
b) Abzw. unterhalb Zurzacherberg–Zurzach 🚂 🚌 45 Min.
c) Abzw. nördl. Ämmeribuck–Zurzach 🚂 40 Min.
d) Acheberg–Zurzach 🚂 🚌 40 Min.
e) Acheberg–Klingnau–Döttingen–Klingnau 🚂 🚌 1 Std.

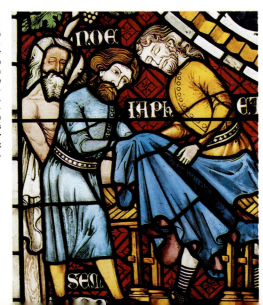

Weltberühmt ist der Glasgemäldezyklus in der ehemaligen Klosterkirche Königsfelden aus dem frühen 14. Jh. Das Kloster war eine habsburgische Gründung zum Gedenken an König Albrecht I. Heute steht die Anlage im Eigentum des Kantons Aargau, der Kirche und Glasgemälde kürzlich restaurieren liess. Ausschnitt aus Fenster 10 (Leben der hl. Anna), die Trunkenheit Noahs darstellend.

23 Baden–Niederweningen–Kaiserstuhl

Vom Bäderkurort an der Limmat ins Surbtal und durch den nordöstlichen Zipfel des Kantons an den Rhein.

Route	Höhe in m	Hinweg	Rückweg
Baden	385	–	4 Std. 15 Min.
Höhtal	496	45 Min.	3 Std. 40 Min.
Niederweningen Kirche	505	1 Std. 40 Min.	2 Std. 50 Min.
Rütihof	500	2 Std. 50 Min.	1 Std. 40 Min.
Waldhusen	496	3 Std. 25 Min.	1 Std. 10 Min.
Kaiserstuhl	368	4 Std. 20 Min.	–

Den Bahnhof *Baden* verlassen wir über die Aussichtsterrasse mit dem Springbrunnen, halten nach links und steigen nach der reformierten Kirche durch die Ölrainstrasse und die Bäderstrasse zur Limmat hinunter, die wir auf der schiefen Brücke nach Ennetbaden überschreiten. (Weitere Einzelheiten siehe Route 22, 1. Absatz.)
Die Hauptstrasse gleich queren, kurz nach links und beim Postbrunnen rechts halten. Nach einem kurzen Aufstieg auf dem Postweg befinden wir uns auf der Bachtalstrasse vor dem modernen Bau der St.-Michaels-Kirche.
Fortsetzung zuerst auf der Geissbergstrasse und in gleicher Richtung aufsteigend teils rechts, teils links vom kleinen Bach durch den nordöstlichen Dorfteil von Ennetbaden zwischen dem Geissberg und der Lägeren bis Stängeli, dem Kulminationspunkt dieses Talabschnitts und gleichzeitig Wasserscheide, und zur Postauto-Haltestelle *Höhtal*.
Es besteht die Möglichkeit, vom Bahnhof Baden mit dem Postauto bis Höhtal oder bis Oberehrendingen zu fahren und so einen Hartbelagsabschnitt von etwa 3,5 km zu meiden. Die Routenfortsetzung, welche nun in leichtem Auf und Ab während knapp 1 Std. in nordöstlicher Richtung auf der Ostseite der Dörfer Ober- und Unterehrendingen über die sanft abfallenden Aus-

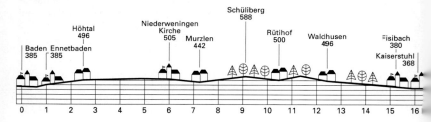

läufer der Lägeren führt, beginnt 100 m nach der Haltestelle Höhtal auf dem nach rechts abzweigenden Fussweg. Bei Breiten überqueren wir den Wanderweg, der zur Lägeren aufsteigt. Hier bietet sich die Gelegenheit, in knapp 10 Min. nach Oberehrendingen abzusteigen und den historischen Dorfkern mit der Kirche, dem alten Pfarrhaus und dem Vogteihaus zu besichtigen. Auf unserer Route ist nach Stein der Chlonhofweg einzuschlagen, der leicht ansteigend auf einen flachen Hügelrücken und anschliessend durch eine weite Mulde, zuerst rechts, dann links an einem Wäldchen vorbei zum Chlonhof und zu Pt. 523.2 an die Grenze zum Kanton Zürich führt. Jenseits eines weiteren kleinen Hügelrückens ist die Kirchturmspitze unseres nächsten Zwischenzieles sichtbar. Nach dem Surenbach durch den Hohlweg aufsteigen und anschliessend auf der Sandacherstrasse hinab nach *Niederweningen* mit der *Kirche,* umgeben von einer Gruppe schöner Fachwerkhäuser.
Auf der Dorfverbindungsstrasse nach Norden absteigen. Am gegenüberliegenden Hang im Nordwesten sind Ober-Schneisingen mit der Kirche und Mittel-Schneisingen sichtbar. Nach der Brücke über die Surb und den Industrieanlagen Bucher-Guyer halten wir bei der Abzweigung zur Postauto-Haltestelle Murzlen rechts, überschreiten die verkehrsreiche Strasse und gelangen auf der Hünikerstrasse zu den ersten Häusern von Unter-Schneisingen. Diese mündet bei einem malerischen Bauernhof in die Juchstrasse. Nach kurzem Aufstieg links auf das ebene Wegstück und durch die Breitegrabenstrasse wieder 200 m aufsteigen, nochmals links halten, auf der Ostseite der letzten Häusergruppe vorbei allmählich zum Wald hinauf. Schöner Ausblick auf Schneisingen am gegenüberliegenden Hang und auf den westlichen Teil des mächtigen Lägerengrates im Süden.
Noch ein kurzer Aufstieg durch den schattigen Wald bis zur Blockhütte mit gedecktem Rastplatz bei Pt. 588 auf dem Schüliberg. Nun rechts auf solider Waldstrasse und nach einem weiten Linksbogen in leichtem Abstieg ins Butäli. Beim Waldaustritt Blick auf den *Rütihof.* Den Bach überschreiten, rechts halten und 50 m nach dem Waldeintritt zwischen Risi und Banenholz gegen Osten zu Pt. 594, der höchsten Erhebung unserer Wanderung, aufsteigen. Nach einem ebenen Wegstück – gut auf die Markierung achten – etwas steil zum Waldaustritt hinunter. Überraschender weiter Ausblick auf den nahen Weiler Waldhusen auf der Hanglehne, auf Fisibach im unteren Bachsertal und bis zum Kalten Wangen jenseits des Rheins.
Wir steigen zu der idyllisch gelegenen Häusergruppevon *Waldhusen* ab, halten links und folgen der Asphaltstrasse nach Norden, wechseln aber 80 m, bevor diese in den Wald eintritt, links auf eine gute Feldstrasse. Es folgt ein gleichmässiger Abstieg durch die bewaldete Brunnhalden bis zum Talgrund südlich Fisibach. Noch kurz dem Waldrand entlang, dann rechts haltend zu den

Dieser prachtvolle blaue Teppich aus Iris sibirica erstreckt sich in einem Naturschutzreservat im Reusstal. Die Blaue Schwertlilie, eine nur noch selten anzutreffende Pflanzenart, gedeiht hier unter günstigsten Voraussetzungen.

ersten Häusern, einem ehemaligen Heilbad. Im Dorf benützen wir die zweite Strasse nach rechts zum Bach, folgen diesem auf der Ostseite, vorbei an der aus dem 17. Jh. stammenden Kapelle, bis zum Findling bei der Schulanlage und erreichen – wiederum rechts haltend – die Hauptstrasse bei den letzten Häusern. Im Nordosten erblicken wir den markanten Oberen Turm, das Wahrzeichen von *Kaiserstuhl*. Wir bewältigen das noch verbleibende Routenstück auf dem Parallelweg zur Ortsverbindungsstrasse. Vor dem ersten Haus Abzweigung nach rechts zur Station Weiach-Kaiserstuhl. Geradeaus und durch die Unterführung gelangen wir zur Postauto-Haltestelle in der Nähe der Friedhofkapelle. Sehr zu empfehlen ist ein Rundgang durch die 1254 gegründete kleine Stadt *Kaiserstuhl* mit dem fast unversehrt gebliebenen mittelalterlichen Stadtbild und mit historisch bedeutsamer Bauten wie z.B. die Pfarrkirche St. Katharina, der Ehemalige Spittel, das Ehemalige Amtshaus des Klosters St. Blasien, der Widderbrunnen an der Hauptgasse, der Obere Turm, das Haus zur Linde usw.

Abzweigungen
a) Murzlen 🚂 – Niederweningen 🚌 🚂 5 Min.
b) Abzw. vor Kaiserstuhl – Weiach-Kaiserstuhl 🚌 🚂 10 Min.

24 Baden–Lägeren–Dielsdorf

Angenehme Gratwanderung mit Aussichtspunkten und viel Wald. Die Begehung erfordert einige Vorsicht, wobei gutes Schuhwerk nötig ist. Wenig Festbelag. Teilstück des Europäischen Fernwanderweges E 4.

Route	Höhe in m	Hinweg	Rückweg
Baden 🚆 🚌	385	–	3 Std. 55 Min.
Schartenfels	464	30 Min.	3 Std. 35 Min.
Lägeren Burghorn	859	2 Std.	2 Std. 25 Min.
Lägeren Hochwacht	856	2 Std. 50 Min.	1 Std. 35 Min.
Regensberg 🚌	593	3 Std. 30 Min.	40 Min.
Dielsdorf 🚆 🚌	428	4 Std.	

Beim Bahnhof Baden (S. 126) begeben wir uns auf den Bahnhofplatz zum zentralen Wegweiserstandort und gehen auf der Terrasse entlang der Häuserfront. Abstieg auf Treppenweg Richtung Limmat, vorbei an den Häusern Zum Grünen Stiefel aus dem Jahre 1548 und Zum Güggel von 1647.
Wir beachten auch die an der Häuserwand angebrachte Zeichnung des Wettinger Grafikers Armin Bruggisser mit dem folgenden Spruch:

> Ryte, ryte Rössli,
> z'Bade stoht es Schlössli,
> z'Bade stoht e goldigs Huus,
> lueged drei Mareie druus,
> di erscht spinnt Syde,
> di ander schnätzlet Chryde,
> di dritt spinnt Haberstrau,
> bhüet di Gott mys Chindli au.

Durch die Kronengasse (Haus ZumTisch, 1635) erreichen wir die Holzbrücke (malerischer Blick auf die Limmat) und gelangen zum Landvogteischloss mit modernem Museums-Erweiterungsbau (genannt Melonenschnitz). Dieses beherbergt das Historische Museum der Stadt Baden mit reichhaltiger heimatkundlicher Sammlung. Ferner sind bedeutende urgeschichtliche und römische Funde aus Stadt und Bezirk Baden ausgestellt.

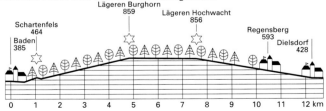

Nördlich von Aare/Limmat 72

Nach Benützung der Unterführung steigen wir auf dem Treppenweg zum Schloss *Schartenfels* hinauf. Anschliessend leichter Abstieg; nach knapp 200 m biegen wir auf der leicht ansteigenden Waldstrasse rechts ab. Dem Rastplatz Chaltbrünneli mit Waldhütte schenken wir unsere Aufmerksamkeit. Vor der Krete blicken wir vom steilen Fussweg in die gefalteten Schichten des Gipskeupers im Kern der Lägerenfalte in der ehemaligen Gipsgrube von Oberehrendingen. Das abgebaute Gestein wurde teilweise gebrannt oder als Dünger verwendet. Nun haben wir den ersten wichtigen Aussichtspunkt, das *Lägeren Burghorn* mit Ruhebänken, erreicht. Von hier geniessen wir eine seltene Rundsicht nach allen Himmelsrichtungen, von den Alpen bis in den Schwarzwald und den Hegau.
Bald überschreiten wir die Kantonsgrenze Aargau/Zürich, und der schmale Gratweg führt zur Ruine Alt Lägeren. Ehemalige Burg der Freiherren von Regensberg, zerstört 1267; rechteckige Umfassungsmauern 20 × 67 m; Sodbrunnen. 1982 instand gestellt. Die Gratwanderung setzt sich fort bis zur *Lägeren Hochwacht*. Einzigartiges Panorama vom Säntis bis zum Jura. Das 1895 erbaute Bergwirtshaus Hochwacht trägt seinen Namen von dem militärischen Alarmsystem, das die Zürcher Regierung vor allem im unruhigen 17. Jh. ausbaute. Vermessungspunkt erster Ordnung der Eidgenössischen Landestopographie. Die PTT-Sender wurden 1957 erstellt. Von hier wandern wir auf Waldstrassen vorbei an einem Sernifitblock, der an den Absturz einer Swissair-Maschine am 10.2.1967 erinnert, nach *Regensberg*. Mittelalterliches Städtchen mit schönem Brunnen. Ein Rundgang ist sehr empfehlenswert. Ortsmuseum, zahlreiche vorzüglich restaurierte Gebäude, u.a. Zehntenscheune, Engelfridhaus mit der gotischen Fensterreihe, die Kirche mit der Glocke von 1491 und der Sonnenuhr. Beachtenswert ist der Rundturm mit fast 3 m dicken Mauern und der Sodbrunnen aus dem 13. Jh. Aussicht auf Glattal und Alpen.
Wir verlassen das Städtchen und steigen entlang einem Rebberg zum Bezirkshauptort *Dielsdorf* ab. Für den Weg zum Bahnhof stehen uns z.T. angenehme Fusswege zur Verfügung.

Abzweigungen
a) Lägeren Burghorn–Oberehrendingen 🚌 1 Std. 10 Min.
b) Lägeren Burghorn–Niederweningen 🚂 🚌 1 Std. 15 Min.
c) Lägeren Burghorn–Otelfingen 🚂 1 Std. 15 Min.
d) Lägeren Burghorn–Wettingen 🚂 🚌 1 Std. 30 Min.
e) Lägeren Hochwacht–Wettingen 🚂 🚌 1 Std. 45 Min.
f) Lägeren Hochwacht–Buchs-Dällikon 🚂 🚌 1 Std. 20 Min.
g) Lägeren Hochwacht–Otelfingen 🚂 1 Std. 25 Min.
h) Lägeren Hochwacht–Niederweningen 🚂 🚌 1 Std. 15 Min.

25 Zurzach–Acheberg–Döttingen-Klingnau

Vom Thermalbad Zurzach über den Acheberg ins Aaretal.

Route	Höhe in m	Hinweg	Rückweg
Zurzach 🚂 🚌	339	–	1 Std. 45 Min.
Acheberg	513	50 Min.	1 Std. 05 Min.
Klingnau Stadt	329	1 Std. 35 Min.	10 Min.
Döttingen-Klingnau 🚂 🚌	326	1 Std. 50 Min.	–

Vom Bahnhof *Zurzach* (S.130) wandern wir durch das Rosengässli über den Amtshausplatz und an der Verena-Kirche vorbei (sehenswert) durch den Flecken. Bei der Abzweigung Bsetzi biegen wir nach rechts ab mit nachfolgend steilem Aufstieg durch den Wald vorbei am Rotkreuz. Nicht vergessen dürfen wir die signalisierte Abzweigung, die uns zu den folgenden Punkten führt: Pestkreuz mit Sonne und Mond von 1684, Wachtturmruine und Rastplatz Rheintalblick (Aussicht auf Zurzach und Küssaberg). Nachher gehen wir auf den gleichen Weg 80 m zurück und erreichen wieder den Wanderweg zum *Acheberg*. Restaurant. In idyllischer Waldlichtung steht die 1662 erbaute Loretokapelle.
Nach ca. 500 m bei Pt. 526 links gehen und den Wanderweg nach Koblenz verlassen. Entlang der Geländekante bestehen zwei Rastplätze. Blick auf Aareknie bei Döttingen, Ruckfeld, Siggenberg, Bruggerberg, Geissberg und Rotberg. Auf Dornestigele durch Rebberg, Sionerweg, Grabenstrasse und Narrengasse in die Stadtanlage von *Klingnau*. Durch Ulrich von Klingen 1239 gegründetes Städtchen. Sehenswürdigkeiten: kath. Pfarrkirche, Unterer und Oberer Stadtbrunnen, Schloss, ehemaliges Amtshaus, ehemaliges Propsteigebäude des Klosters St. Blasien, ehemalige Propsteischeune.
Wir verlassen das Städtchen durch Propsteigasse, St. Blasiersteig, Brühlstrasse und folgen dem Binnenkanal zum Bahnhof *Döttingen-Klingnau*.

Abzweigungen
a) Acheberg–Tegerfelden 🚌 1 Std. 05 Min.
b) Acheberg–Koblenz Dorf 🚂 1 Std. 10 Min.

26 Zurzach–Ober-Baldingen–Niederweningen

Vom historischen Flecken am Rhein über den bewaldeten Höhenzug durchs Studenland an den Fuss der Lägeren. Wenig Hartbelag.

Route	Höhe in m	Hinweg	Rückweg
Zurzach 🚂 🚌	339	–	3 Std. 50 Min.
Hörndli	505	45 Min.	3 Std. 15 Min.
Ober-Baldingen	559	1 Std. 55 Min.	2 Std. 10 Min.
Alpenrosen	600	3 Std. 15 Min.	50 Min.
Mittel-Schneisingen	493	3 Std. 45 Min.	20 Min.
Murzlen 🚌	442	4 Std.	05 Min.
Niederweningen 🚂 🚌	444	4 Std. 05 Min.	–

Auf der Südseite des Bahnhofs von *Zurzach* (S. 130) beginnen wir unsere Wanderung durch das Rosengässli, halten auf der Schwertgasse leicht rechts und gelangen durch einen Engpass zum Amtshausplatz vor der St.-Verena-Kirche mit dem gotischen Chorturm auf der Ostseite. Nun nach rechts auf die Hauptstrasse und leicht ansteigend an den vielen schönen und interessanten Häusern und am Sternenbrunnen vorbei zum Wegweiserstandort Bsetzi am Ausgang des Fleckens. Wir folgen der Bruggerstrasse links nur kurz, halten beim Holzschopf nochmals links, um durch den Wald, zuerst durch ein Tälchen und anschliessend nach Osten dem Hang entlang zur Kanzel *Hörndli* aufzusteigen, Ausblick auf das Rheintal, Zurzach und zur Küssaburg.

Unsere Route führt am Antennenmast vorbei leicht absteigend nach Süden, biegt nach 800 m bei Pt. 454 nach links, überquert im Schachen die Verbindungsstrasse Rekingen–Tegerfelden und gelangt nach einem langgezogenen leichten Wiederaufstieg durchs Jungholz südlich Stocken zum Waldaustritt. Nun nach links dem Waldrand entlang, 120 m nach dem Landwirtschaftsbetrieb nach rechts abbiegen und zum Grindelbuck nach *Ober-Bal-*

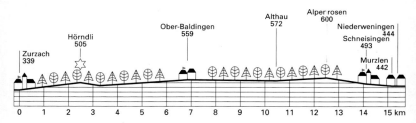

dingen aufsteigen. Unser Blick schweift über den Aargauer Jura im Westen, das Rheintal und das weitgespannte Gebiet des Schwarzwalds. Eine signalisierte Abzweigung führt zur nahen Spornegg, einem besonders schönen Aussichtspunkt mit Rastplatz.
Ober-Baldingen bildet zusammen mit dem am Osthang tiefer liegenden Unter-Baldingen ein echtes, kleines Bauerndorf. Der weitere Weg führt meist ebenhin nach Südosten, vielfach durch Wald. Beim Wegweiserstandort Ober-Baldingen halten wir rechts dorfauswärts und nach der Höhe Gänter zur Waldecke westlich Fuchsächer. Nach links dem Waldrand entlang und durch Mischwald zur grossen Lichtung, die wir auf der West- und Südseite umgehen. Auf dem Feldweg, der an einem Gehöft vorbei nach Osten führt, weitet sich die Aussicht auf das obere Surbtal, auf die Lägeren und auf die Höhe des Gländ. Vor der Einmündung des Weges in die Asphaltstrasse nach links in den Wald, die Verbindungsstrasse Unter-Baldingen–Lengnau queren und auf weitem Bogen nach rechts bis Althau, wo unsere Route den Wanderweg Turgi–Endingen–Rümikon-Mellikon kreuzt. Wir benützen weiter nach Südosten eine gute Waldstrasse, von der wir nach knapp einer halben Stunde, der Markierung folgend, nach links zum kleinen geschützten *Alpenrosen*-Reservat abzweigen, einer Rarität in der Landschaft des Jura. Nach der Sage sollen Auswanderer aus der Innerschweiz in einem Körbchen Heimaterde und Alpenrosensamen auf ihre Reise mitgenommen haben. Im Bowald seien sie vor Erschöpfung gestorben, doch über ihrem Grab erblühten später die Alpenrosen. Nach der wissenschaftlichen Erklärung handelt es sich hier um ein Eiszeit Relikt, in dessen Nähe noch weitere Alpenpflanzen vorkommen. Beim Wegweiserstandort Chüeboden sind wir wieder auf der bisher benützten Strasse und gelangen an einem Rastplatz vorbei und dem Waldrand folgend zum Aussichtspunkt Risiloo. Im Süden der langgezogene Lägerengrat. Es folgt der Abstieg über den nach Süden geneigten Hang, wobei wir bei den ersten Häusern die Abkürzung rechts benützen und an der Kirche von Ober-Schneisingen vorbei nach *Mittel-Schneisingen* gelangen. Beim Restaurant Leuehof nach rechts durch die Schlössligasse, die in die Sandbuckstrasse einmündet, und geradeaus durch das neue Wohnquartier nach *Murzlen* (ehemalige Grenzzollstätte) hinunter. Bei der Postauto-Haltestelle (Anschlüsse nach Baden und nach Endingen) halten wir links, folgen zuerst dem Parallelweg zur Hauptstrasse und anschliessend dem Areal der Firma Bucher Guyer zum Bahnhof *Niederweningen.*

Abzweigungen
a) Hörndli–Zurzacherberg 🚌 30 Min.
b) Althau–Endingen 🚌 1 Std.
c) Althau–Israelitischer Friedhof 🚌 40 Min.
d) Althau–Lengnau 🚌 40 Min.

Wer kennt den Aargau wirklich? Seine landschaftlichen Schönheiten werden auf der meist raschen Durchfahrt des Kantons kaum beachtet. Zu Unrecht: Ob auf bewaldeten Juragraten, Hügeln des Mittellandes oder sonnigen Hängen der Talscheiden – der Aargau lockt zum Wandern, Betrachten, Spielen und Erholen.

▲ Ihren mittelalterlichen Charakter bewahrt hat die Altstadt von Bremgarten. Sehenswert sind Spittelturm, Zeughaus, Bollhaus mit gedeckter Holzbrücke, Schlössli, Rathaus und Ringmauern.

◀ Ihres Charmes und ihrer Architektur wegen gelten Schweizer Kleinstädte als «Perlen». Im bevölkerungsreichen Kanton Aargau sind zahlreiche Beispiele dieser Siedlungsform zu finden. Meist weisen sie ursprüngliche und weitgehend erhaltene Stadtkerne nach mittelalterlichem Muster auf, so z. B. der Kantonshauptort Aarau (unser Bild).

▶ Die Altstadt von Rheinfelden entwickelte sich am Standort einer früheren römischen Grenzsiedlung. Hier stand ausserdem die anno 930 erstmals erwähnte Burg Stein der Grafen von Rheinfelden.

Südlich von Aare/Limmat

27 Aarau–Engelberg–Aarburg

Von der Kantonshauptstadt durch grosse Waldgebiete auf den Aussichtspunkt Engelberg der vorgelagerten Jurakette und zum Aarestädtchen am uralten Handelsweg Basel–Luzern.

Route	Höhe in m	Hinweg	Rückweg
Aarau 🚋 🚌	383	–	4 Std. 30 Min.
Hasenberg	440	25 Min.	4 Std. 5 Min.
Tann Pt. 502	502	1 Std. 30 Min.	3 Std. 10 Min.
Grod	485	2 Std. 15Min.	2 Std. 25 Min.
Engelberg	682	3 Std. 25 Min.	1 Std. 25 Min.
Wartburghof	537	4 Std.	45 Min.
Aarburg 🚌	412	4 Std. 35 Min.	–

Vom Bahnhof *Aarau* (S.125), Unterführung Ost, nach Süden zur Bachstrasse, der wir auf 200 m nach rechts folgen, über den Stadtbach und durch den Siebenmannweg zur stark befahrenen Entfelderstrasse. Zwischen dem Hochhaus und dem Friedhof nach Westen durch die Pestalozzistrasse stadtauswärts zum Waldeintritt beim *Hasenberg*. Ausblick über den Schachen zur Aarauer Altstadt mit Kirche und zum Jura. Bei der Weggablung halten wir links und befinden uns nach der Echolinde im grossen Waldgebiet, das sich über Tann bis zum Wissbächli im Kanton Solothurn erstreckt.

Diese Wanderung wird bereichert durch die Anlage eines Planetenweges der Astronomischen Vereinigung Aarau AVA, und zwar im Massstab 1:1 Milliarde. Beginnend mit der Sonne, nahe der Echolinde, sind bis Merkur, Venus, Erde und Mars nur kleine Abstände festzustellen; die übrigen 5 Planeten folgen in wesentlich grösseren Entfernungen. Es ist sehr eindrücklich, das Grössenverhältnis der Planeten und ihrer Zwischenräume auf uns wirken zu lassen, und noch unfassbarer sind die Entfernungen, wenn wir uns vorstellen, dass wir bis zum Nachbarfixstern in unserem Milchstrassensystem (der Proxima Centauri) 40 700 km wandern müssten (1 Erdumfang = 40 000 km).

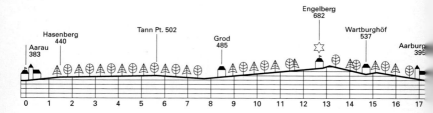

Auf solider Waldstrasse meist ebenhin zur Wegspinne Tann Pt. *502* und 500 m weiter nach Süden leicht ansteigend zum Waldpfad, der durch jungen Mischwald und an alten Marksteinen vorbei ins Pfaffentann führt. Wir verlassen hier den Planetenweg, folgen der Kantonsgrenze weiter und steigen von der Waldebene über den Hang, die Autostrasse Kölliken–Gretzenbach querend, zum Wissbächli hinunter.

Wiederanstieg dem Waldrand entlang zum Weiler *Grod,* der zu Gretzenbach gehört, und auf der Verbindungsstrasse zur Anhöhe Gäumatt. Der Weg setzt sich parallel zur Strasse im Wald fort und benützt diese anschliessend bis Höli wieder.

Kurz über die Wiese und steil über den Waldhang, durch die Stierenweid etwas gemächlicher weiter waldaufwärts und an einem Rastplatz vorbei zu den Häusern von Ober-Gulachen. Auf Fahrweg in weitem Linksbogen zum Standort Chessel am Waldrand und in die Route, die von Rothacker heraufkommt.

Wir benützen die Teerstrasse nach rechts und nach 200 m den Waldweg ebenfalls rechts, um auf den Rücken des *Engelbergs* zu gelangen, dem wir nach Westen folgen, und geniessen die Aussicht über das Aaretal hinweg zum Aargauer und Solothurner Jura und über das Mittelland zu den Alpen. Nach dem Restaurant am Umsetzerturm vorbei zum Rastplatz, aufs ebene Feld und bei der grossen Linde links hinüber in den Wald zum Rastplatz auf der Krete des Oftriger Engelbergs mit Sicht auf Oftringen und das Wiggertal.

Beachtenswert ist auch die altehrwürdige Grenzsäule, ein sogenannter Läberstein, aus dem Jahre 1616. Die eingemeisselte Nummer 444 erinnert an den Grenzgang des Solothurners Derendinger und des Berners Vissaula im Jahre 1764. Damals wurde der 160 km messende Grenzverlauf zwischen den beiden Ständen (dieser Teil des Aargaus war ehemals bernisch) von Nennigkofen bis zur Salhöhe genau festgelegt und mit 562 fortlaufend numerierten Marksteinen gekennzeichnet, wobei die bereits bestehenden, meist grösseren Exemplare mit einbezogen wurden.

Der Abstieg beginnt auf einem Pfad, der in ein Waldsträsschen mündet. Die Abzweigung links auf den mittleren, steileren Teil ist zu beachten. Unser Weg führt an einer weiteren, fast mannshohen Grenzsäule mit den Wappen von Bern und Solothurn vorbei und erreicht vor dem Waldausgang die Wanderroute, die von Lauterbach her einmündet. Nach rechts weiter zu den *Wartburghöfen,* vor dem ersten Haus links zum Wald. Nach kurzem Aufstieg verlassen wir die zur Ruine Alt-Wartburg und zum Sälischlössli führende Route nach links und beginnen den Abstieg über den nach Südwesten gerichteten Hügelrücken durchs Amtshölzli und Brüschholz. Nach den ersten Häusern auf dem Spiegelberg halten wir rechts und folgen dem Palisadenweg über die Geländeverbindung zur Festung Aarburg. Über die Burghalde, an den

Südlich von Aare/Limmat

imposanten Befestigungsanlagen vorbei, gelangen wir auf gutem Weg mitten ins Städtchen *Aarburg* (S.125) und zur Bushaltestelle in der Nähe des achteckigen, 1660 errichteten Stadtbrunnens.

Nebenrouten
a) Hasenberg–Roggenhusen–Tann Pt. 502 1 Std. 35 Min.
b) Chessel–Lauterbach–Wartburghöf 45 Min.

Abzweigungen
c) Tann Pt. 502–Unterentfelden 🚌 45 Min.
d) Tann Pt. 502–Kölliken 🚌 35 Min.
e) Tann Pt. 502–Schönenwerd 🚌 35 Min.
f) Pfaffentann–Safenwil 🚌 1 Std. 10 Min.
g) Wartburghöf–Sälischlössli–Olten 🚌 🚆 1 Std. 20 Min.
h) Amtshölzli–Aarburg 🚌 20 Min.

28 Zofingen–Sälischlössli–Olten

Vom Bezirkshauptort im unteren Wiggertal über einen markanten Aussichtspunkt zur Dreitannenstadt an der Aare.

Route	Höhe in m	Hinweg	Rückweg
Zofingen 🚌 🚆	432	–	3 Std. 20 Min.
Küngoldingen 🚌	441	45 Min.	2 Std. 35 Min.
Lauterbach	518	1 Std. 35 Min.	´ Std. 50 Min.
Wartburghöf	537	2 Std.	1 Std. 30 Min.
Sälischlössli	663	2 Std. 20 Min.	1 Std. 10 Min.
Olten 🚌 🚆	396	3 Std. 15 Min.	–

Nach dem Verlassen des Bahnhofs beim Haupteingang und dem Überqueren der Grabenstrasse befinden wir uns beim Alten Postplatz bereits in

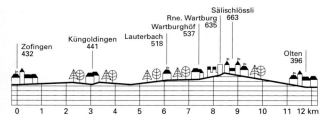

der Altstadt von *Zofingen* (S. 130). Wir halten etwas rechts und gelangen durch die Marktgasse zum Niklaus-Thut-Platz, umgeben von vielen malerischen Häusern des Stadtkerns. Durch die Enge des Schützentörlis in gleicher Richtung zur General-Guisan-Strasse, der wir auf 150 m nach links folgen. Vor dem Museum nach rechts durch den Park zur Weiherstrasse und beim runden Brunnen links zur nahen Weiheranlage aufsteigen. Weiter nach links, dem kleinen Bachlauf entlang und anschliessend in die Küngoldingerstrasse, der wir bis zur Überschreitung des Baches aus dem Mulital folgen. Rechts halten und 100 m nach dem alten Gehöft links zum neuen Wohnquartier. Den Wald am westlichen Rand des Bünenbergs queren, beim kleinen Rastplatz links nach *Küngoldingen* und auf der Unteren Hauptstrasse nach rechts bis kurz vor dem Bahnübergang. Kurzer Aufstieg in den Wald und in weitem Bogen nach rechts um das Münzenbüel, das Geleise der Bahnlinie Zofingen–Suhr überschreiten und gleich rechts auf Fussweg zur Häuserreihe hinunter und die Hauptstrasse überqueren.
Über die Autobahn und auf der Strasse links zum nahen Forsthaus, wo wir rechts halten und dem kleinen Bach durch den Waldstreifen Dicki folgen. Anschliessend zu den Höfen am Berghang aufsteigen. Kurzes ebenes Wegstück nach Westen zum Hotel *Lauterbach* und leichter Aufstieg im unteren Teil des Oftriger Engelbergs zu den *Wartburghöfen.* Vor dem ersten Haus nach links und durch den Mischwald nun etwas steiler zum Sattel zwischen der Ruine Alt Wartburg und dem Sälischlössli hinauf.
Der zum Teil felsige Weg links führt in wenigen Minuten zur Ruine Alt Wartburg empor. Die Burg wurde um 1200 durch die Herren von Ifenthal erbaut. Zerstörung 1415 bei der Eroberung des Aargaus durch die Berner. Zurück zum Sattel an der Grenze Aargau/Solothurn und nach einem letzten kurzen Aufstieg zum *Sälischlössli* (Pt. 663.7), Gasthof mit Aussichtsterrasse, lohnende Rundsicht, zum Jura, über das Mittelland und zu den Alpen. Abstieg auf gutem Waldweg, die Wartburghofstrasse querend, ins Mülital, dem Bach bis zum Tierpark folgen. Auf ebenem Strässchen gelangen wir nach Wil, halten beim Restaurant Wilerhof rechts, queren zur Käppelistrasse und erreichen nach Überschreiten der Aarauerstrasse auf der Martin-Disteli-Strasse den Bahnhof *Olten.*
Es lohnt sich sehr, einen kurzen Abstecher über die Aare zu machen: Die Bahnunterführung mündet in den Aareuferweg, und nach einem kurzen Wegstück flussaufwärts wird die alte Holzbrücke erreicht, welche direkt in die sehenswerte Altstadt von Olten führt.

Abzweigungen
a) Lauterbach-Kölliken 🚂 1 Std. 50 Min.
b) Oftriger Engelberg-Aarburg 🚂 40 Min.
c) Wartburghöf–Aarburg Stadt 🚂 35 Min.

Südlich von Aare/Limmat

29 Zofingen–Ober Sennhof–St. Urban

Vom Wiggertal über sanftes, meist bewaldetes Hügelgelände in den südwestlichen Zipfel des Aargaus und zum ehemaligen Kloster St. Urban im Kanton Luzern; eignet sich vor allem für Wanderungen im Sommer. Wenig Festbelag.

Route	Höhe in m	Hinweg	Rückweg
Zofingen 🚂 🚌	432	–	3 Std. 15 Min.
Chilchberg	525	50 Min.	2 Std. 25 Min.
Ober Sennhof	495	1 Std. 35 Min.	1 Std. 40 Min.
Abzw. Balzenwil	528	2 Std. 10 Min.	1 Std. 10 Min.
St. Urban 🚂 🚌	447	3 Std. 15 Min.	–

Auf der Ostseite des Bahnhofs *Zofingen* (S.130) nach Süden, rechts durch die Unterführung und in westlicher Richtung durch das Industriequartier zur Ortsverbindungsstrasse Zofingen–Strengelbach, auf der wir die Wigger und die Autobahn überqueren. Anschliessend auf einer Seitenstrasse links durch den südlichen Teil der Ortschaft Strengelbach nach Westen über Feld und über die Treppe zur Hauptstrasse hinauf, deren Kurve wir bis zum Waldrand folgen.

Nun links in den Wald und auf guter Strasse bis zur Wanderweg-Verzweigung Pt. 525 nördlich *Chilchberg*. Auf der Strasse weiter nach Westen; südlich Geissbach berühren wir den Waldrand mit Ausblick nach Norden, halten links, gelangen beim Waldaustritt zum Gehöft Wilacher und durchqueren auf der Strasse rechts nochmals ein Waldstück bis auf die Südseite der Fenneren, wo eine Abzweigung zum nahen Gasthof führt.

In südwestlicher Richtung nun über den Meiersrain am Hof Bergloch vorbei zum Wilibach hinunter. Die Strasse und das Feld überqueren und durchs Cholholz zum Weiler *Ober Sennhof* hinauf. Sicht auf das Pflegeheim Sennhof im Norden und zum Jura. Bei den ersten Häusern links auf einen Wie-

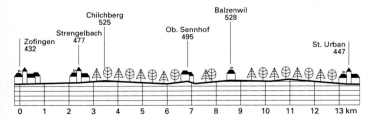

Der Niklaus-Thut-Brunnen auf dem Thut-Platz in Zofingen wurde 1893/94 von der schweizerischen Studentenverbindung Zofingia gestiftet. Früher Marktsiedlung, ist Zofingen heute ein wirtschaftlich und kulturell reger Bezirkshauptort. Seine sehr gut erhaltene mittelalterliche Altstadt mit ihren spätgotischen und barocken Bauten gehört zu den schönsten Ortsbildern der Schweiz.

senweg und zur Pfaffneren hinunter, den Talboden Schäfmoos überqueren und durch den Chapfhaldenwald leicht nach Westen aufsteigen.

Nun befinden wir uns auf der Südseite des grossen Boowaldes und folgen während rund 30 Min. an *Balzenwil* vorbei dem Waldrand nach Westen, zum Teil auf einem neuen Waldweg parallel zur Teerstrasse. 300 m westlich der Höfe Sal die Strasse nach Süden queren, zuerst wieder dem Waldrand folgen, dann im Unterwald nach Westen bis zur Hütte mit Rastplatz aufsteigen.

Es folgt der Abstieg nach Südwesten an einem weiteren kleinen Rastplatz mit Brunnen vorbei über Glattenboden zum Sagenchöpfli – bei den Strassenverzweigungen gut auf die Markierung achten – bis zum Waldaustritt beim Steinibächli. Wir folgen kurz der Hauptstrasse, halten links und erblicken im Süden die beiden Kirchtürme des ehemaligen Klosters *St. Urban*.

Der Besuch der Klosterkirche ist sehr zu empfehlen. Sehenswert ist vor allem das in den Jahren 1701 bis 1707 geschaffene schönste barocke Chorgestühl der Schweiz.

Rückfahrmöglichkeit von der nahen Haltestelle jenseits der Rot mit dem Postauto oder mit der Bahn über Roggwil–Langenthal.

Abzweigungen
a) Ober Sennhof–Pfaffnau 50 Min.
b) Chapfhaldenwald–Rothrist 1 Std. 50 Min.
c) Steinibächli–Murgenthal 1 Std. 10 Min.

Südlich von Aare/Limmat   86

30 Zofingen–Bottenwil–Schöftland

Halbtagswanderung vom Wiggertal quer durchs Ürketal ins Suhrental.

Route	Höhe in m	Hinweg	Rückweg
Zofingen	432	–	3 Std.
Heitereplatz	510	25 Min.	2 Std. 40 Min.
Rne. Bottenstein	603	1 Std. 20 Min.	1 Std. 50 Min.
Bottenwil	489	1 Std. 35 Min.	1 Std. 30 Min.
Stübisberg	544	2 Std. 35 Min.	30 Min.
Schöftland	456	3 Std.	–

Vom Bahnhof von *Zofingen* (S. 130) überschreiten wir die Untere Grabenstrasse und gelangen nach dem Alten Postplatz kurz rechts haltend und durch die Marktgasse auf den Niklaus-Thut-Platz, umgeben von vielen schönen Bauten wie z. B. Rathaus, ehemaliger Helferei, Metzgern-Zunfthaus, Stiftsschaffnerei.

Nach dem Schützentörli folgen wir zunächst der General-Guisan-Strasse, nach rechts halten auf der Höhe des Pulverturms, des markantesten Zeugen der ehemaligen Stadtbefestigung, kurz links in die Finkenherdstrasse und benützen rechter Hand den Pomernweg, um in die Bottenwilerstrasse zu gelangen, wo der Aufstieg beginnt. Über das abzweigende Strässchen rechts erreichen wir den grosszügig angelegten *Heitereplatz*, der eine freie Sicht auf das breite Wiggertal mit Zofingen, Strengelbach, Oftringen und Aarburg sowie auf den Born, das Sälischlössli, den Engelberg und den Hauptkamm des Solothurner Juras bietet.

Nun rechts dem Hirschpark entlang, am Ende des Wildgeheges links zum Wegweiserstandort beim Schützenhaus und weiter dem Waldrand folgend bergauf in östlicher Richtung. Bei Schiessbetrieb benützen wir die signali-

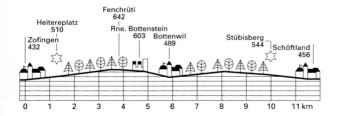

sierte Umgehung rechts, die zunächst der Asphaltstrasse folgt. Durch den schönen Mischwald auf Waldstrassen und -wegen weiter in östlicher Richtung gleichmässig ansteigend zum Rottannhubel. Hier steigen wir kurz nach rechts ab, überschreiten die Strasse Zofingen–Bottenwil und halten bei der Routenverzweigung Fenchrüti links. Nach einem ebenen Wegstück ostwärts senkt sich die Route und verlässt durch einen Hohlweg das grosse Waldgebiet von Zofingen. Auf der Ostseite der in kurzem Abstand folgenden Waldkuppe haben wir die Möglichkeit, zur nahen, 1989 sanierten *Ruine Bottenstein* aufzusteigen. Die Burg Bottenstein wurde vermutlich Anfang des 13. Jh. durch die Ritter von Bottenstein erbaut. Mitten durch die Ruine, die sich im Besitz der Stadt Zofingen befindet, verläuft die Kantonsgrenze Aargau–Luzern. Ein verwitterter Grenzstein aus dem Jahre 1628 steht im Zentrum der Anlage. Auf dem weiteren Abstieg nach Osten haben wir das mittlere und südliche Ürketal vor uns mit vielen Höfen und Hecken und mit bewaldeten Hügelzügen und Eggen. Auf der Geländeverflachung verlassen wir die Strasse nach links und benützen einen Wiesenweg für den weiteren Abstieg ins Dorf *Bottenwil*.

Der Hauptstrasse folgen wir kurz, halten beim Gasthof «Bären» – einem Fachwerkbau aus dem Jahre 1802 – rechts, überqueren die schmale Talsohle, benützen die Verbindungsstrasse, die ins Suhrental führt, bis zum Dorfausgang, von wo wir auf einem Feldweg nach rechts ins Sulbach-Tälchen gelangen. Bereits nach 300 m beginnt der Aufstieg nach links durch den Wald auf die Höhe der Breiten, wo unsere Route in den Wanderweg Sursee–Schöftland einmündet. Wir halten nach Norden, folgen beim kleinen Rastplatz kurz dem Waldrand, benützen bei der Wegspinne den schmalen Waldpfad für den leichten Aufstieg auf die Schwarzhuser Ebni und ziehen weiter in nördlicher Richtung auf dem Höhenzug zwischen Suhren- und Ürketal. Nach dem Ürkner Berg folgt der Waldaustritt beim *Stübisberg* am Übergang Uerkheim–Schöftland. Wir geniessen die Aussicht nach Osten auf Hirschtal und Schöftland sowie auf das Gebiet vom Böhler und nach Westen über die Hügelzüge zum Jura von der Froburg bis zur Geissflue.

Beim Gedenkstein zum 650jährigen Bestehen der Eidgenossenschaft halten wir rechts, folgen beim Absteigen 100 m dem Waldrand und benützen linkerhand den Waldweg bis zur Talsohle. Auf dem Weiterweg ostwärts gelangen wir zur Suhre und durch das Areal der Mühle zum Bahnhof *Schöftland* (siehe Route 36).

Abzweigungen
a) Rottannhubel–Safenwil 🚶 1 Std.
b) Stübisberg–Uerkheim 🚌 10 Min.
c) Stübisberg–Holziken 🚌 30 Min.

Südlich von Aare/Limmat

31 Brugg–Schloss Habsburg– Schloss Wildegg–Wildegg

Burgenwanderung, vorwiegend im Wald und auf belagfreien Wegen.

Route	Höhe in m	Hinweg	Rückweg
Brugg	352	–	2 Std. 55 Min.
Habsburg	470	50 Min.	2 Std. 10 Min.
Schloss Habsburg	510	55 Min.	2 Std. 05 Min.
Abzw. Schinznach-Bad Bhf.	375	1 Std. 15 Min.	1 Std. 35 Min.
Schloss Wildegg	430	2 Std. 30 Min.	20 Min.
Wildegg	354	2 Std. 50 Min.	–

Zuerst orientieren wir uns am Wegweiserstandort vor dem Bahnhof *Brugg* (S.126) und benützen etwa 200 m das Trottoir Richtung Aarau bis zum Abstieg in die Süssbach-Unterführung. Durch diese erreichen wir unter den Gleisanlagen hindurch die Industriebauten der Kabelwerke Brugg und das Einfamilienhausquartier Reutenen. Wir folgen der Markierung, biegen nach rund 500 m rechts ab und erreichen nach Überquerung der Eisenbahnlinie Brugg–Wohlen den Waldrand. Hier zweigt die Route Birr–Schloss Brunegg–Lenzburg ab. Wir verlassen die auf einer kurzen Strecke benützte Fahrstrasse nach Habsburg und biegen nach rechts in den prächtigen Rainwald ein. Durch diesen erreichen wir auf einer belagsfreien Waldstrasse zunächst horizontal, dann ansteigend das Dorf *Habsburg* und wenig später das *Schloss Habsburg.*

Von der Schlossterrasse geniessen wir die prächtige Aussicht auf den Kettenjura mit der dominierenden Gisliflue, ins Aaretal und weiter östlich auf das Birrfeld, den Chestenberg mit dem Schloss Brunegg, die Höhenzüge östlich und südlich der Reuss und dahinter die Alpenkette. Seit 1804 ist das Schloss Habsburg (mit Ausflugsrestaurant) im Besitz des Kantons Aargau, der bedeutende Mittel für die Erhaltung und Renovation der Anlage aufgewendet hat. Die Anfänge der späteren imposanten, aber im Laufe der Jahr

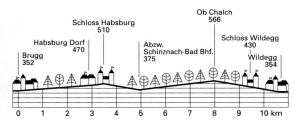

hunderte weitgehend zerfallenen Doppelburg gehen auf das frühe 11. Jh. zurück. Eine Informationstafel orientiert über die Baugeschichte. 1979–1983 hat die aargauische Kantonsarchäologie die gegen Ende des 17. Jh. geschleifte Ruine der östlichen Burg ausgegraben und konserviert. Von diesem Burghügel prächtige Aussicht nach Norden über den Bözberg zum Tafeljura bis zum Schwarzwald. Die gut erhaltene westliche Burg kann besichtigt werden.
Unser Wanderweg führt am Schlossturm vorbei, dem Waldrand entlang hinab zur *Abzweigung Schinznach-Bad Bhf.*, dann absteigend über das Brandfeld und anschliessend durch einen Hohlweg im Wald zum Friedhof Schinznach-Bad. Hier halten wir links, kommen nach dem Wald an einer Kiesgrube vorbei, überqueren die Strasse Schinznach-Bad–Scherz und wandern nun praktisch bis zum Schloss Wildegg wiederum im Wald. Der vorerst sanft ansteigende Weg bietet schöne Ausblicke ins Aare- und Schenkenbergertal sowie auf den Kettenjura. Nach einer guten Viertelstunde – bei der Einmündung der direkten Route ab Habsburg Dorf und der Verbindung von Scherz her – verlassen wir den breiten Waldweg, biegen nach rechts ab und steigen auf einem schmalen Waldpfad hinauf zum Aussichts- und Rastplatz Gütsch (Pt. 478.7). Nachher verläuft unser Wanderweg weitgehend auf der Krete, welche die Bezirksgrenze Brugg–Lenzburg bildet. Er wechselt oberhalb Chärnenberg für ein kurzes Teilstück an den Waldrand und steigt durch den Wald zum *Schloss Wildegg* ab.
Wildegg gehörte mit der Brunegg zum Befestigungssystem der Habsburg. Sie war habsburgischen Dienstmannen verliehen, wechselte später mehrfach den Besitzer und gelangte 1484 durch den Kauf an die Familie Effinger. Diese blieb mehr als vier Jahrhunderte Eigentümerin und baute die Anlage zum Wohnschloss aus. Die Letzte des Geschlechtes, Julie von Effinger, vermachte den herrschaftlichen, barockisierten Patriziersitz durch eine Stiftung der Schweizerischen Eidgenossenschaft zuhanden des Landesmuseums. Die Besichtigung des Schlosses und seiner Gartenanlagen ist sehr zu empfehlen. Vom Schloss steigen wir ab ins Dorf Wildegg und erreichen, immer der Markierung folgend, in 20 Min. den Bahnhof *Wildegg*.

Abzweigung
Abzw. Schinznach-Bad–Schinznach-Bad 🚌 10 Min.

Geologisch-heimatkundlicher Wanderweg ab Schinznach-Bad 🚌
Rundweg von 11,5 km im Gebiet der Gemeinden Schinznach-Bad, Habsburg und Scherz. Gesamtheitliche Schau und Aufzeigen der Zusammenhänge von Geologie, Boden, Pflanzen- und Tierwelt sowie deren Nutzung und Beeinflussung durch den Menschen.

Südlich von Aare/Limmat

32 Wildegg–Chestenberg–Mellingen

Abwechslungsreiche Halbtagswanderung von der Aare zum Schloss Wildegg, über den nach Süden vorgelagerten Jurakamm und von Brunegg ins untere Reusstal. Die Krete des Chestenberges weist einige felsige Stellen auf, wo Vorsicht vor allem bei feuchter Witterung angezeigt ist. Gutes Schuhwerk ist daher unerlässlich.

Route	Höhe in m	Hinweg	Rückweg
Wildegg 🚂 🚌	354	–	3 Std. 20 Min.
Schloss Wildegg	430	20 Min.	3 Std.
Chestenberg Pt. 647.4	647	1 Std. 05 Min.	2 Std. 30 Min.
Schloss Brunegg	540	1 Std. 50 Min.	1 Std. 40 Min.
Brunegg	425	2 Std. 05 Min.	1 Std. 20 Min.
Büblikon 🚌	358	3 Std. 05 Min.	15 Min.
Mellingen 🚌	349	3 Std. 20 Min.	–

Beim Bahnhof *Wildegg* wenden wir uns nach Südosten, folgen nach links der Bruggerstrasse und halten nach der Überquerung der Bünz beim 1692 erbauten Gasthof «Bären» rechts zur restaurierten Jodwasserquelle im Hintergrund einer kleinen Anlage. Durch die Hellgasse zum Aufstieg über die Treppe und den Fussweg auf der Ostseite des Rebberges zum *Schloss Wildegg* (S. 89) mit weiter Rundsicht.
Durch den Schlosswald zum markanten Juragrat hinauf, der sich nach Osten hinzieht. Der Pfad, der zum Teil auf der Südseite der Krete verläuft, erreicht beim Wegweiserstandort mit 647.4 m den höchsten Punkt des *Chestenberges*. Da und dort ist die Sicht frei nach Norden über das Eigenamt zum Dorf und zum Schloss Habsburg und über den Geissberg hinweg zum Schwarzwald in der Ferne, über Windisch ins Gebiet des unteren Aaretals und nach Südwesten über Schloss und Stadt Lenzburg zu den vielen Höhenzügen des Mittellandes und auf die Alpen. Im östlichen Teil des Grates

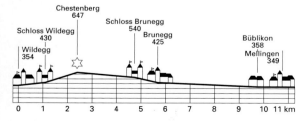

befindet sich die Stelle, wo vor etwa 3000 Jahren – in der Spätbronzezeit – eine Siedlung mit einigen Wohnhäusern und einem Speicher bestanden hatte.
Der Grat verflacht sich allmählich, und der Weg führt leicht abwärts ins Freie, dann einem Waldrand folgend und an einem Rastplatz vorbei zum *Schloss Brunegg* am Ostende des Chestenberges. Das Schloss wurde im 13. Jh. erbaut, in der Hauptsache um 1805/06 umgestaltet und befindet sich in Privatbesitz.
Auf der Westseite der Burganlage mündet unser Weg in die Wanderroute Brugg–Lenzburg ein, der wir auf gutem Strässchen über den Südhang ins Dorf *Brunegg* hinab folgen. Wir queren die Hauptstrasse und halten bei der nahen Transformatorenstation links dorfauswärts. Nach der Bahnunterführung und einer Strassenunterführung nach links nochmals unter einer Strasse hindurch ins landwirtschaftlich genutzte Gebiet südlich Faracher. Nun in nordöstlicher Richtung weiter, nach knapp 600 m unter der Autobahn hindurch und schräg links zur Waldecke südlich Tannholz hinüber. Wir folgen dem Waldrand bis nach dem kurzen Abstieg und wechseln zum Waldstreifen rechts. Nun nach links durch die Bahnunterführung im Waldabschnitt Hüenerwadel, an einem Rastplatz vorbei und nach einem kurzen Aufstieg beim Rötler zum Waldausgang mit freier Aussicht auf Mellingen und das Reusstal. Nach einem leichten Abstieg nach Südosten in *Büblikon* links halten und über das Ägelmoos zur Postauto-Haltestelle auf der Westseite von *Mellingen* (S.129). Der Besuch der Altstadt an der Reuss mit den zwei Toren und weiteren Sehenswürdigkeiten lohnt sich sehr.

Abzweigungen
a) Schloss Brunegg–Birr 🚌 35 Min.
b) Südwestlich Schloss Brunegg–Möriken–Schloss Wildegg 45 Min.
c) Brunegg Dorf–Othmarsingen 🚂 30 Min.

Mellingen: Altstadt mit Lenzburgertor. Dank den Stadtmauern, dem Rathaus sowie dem Reuss- und dem Lenzburgertor hat sich das mittelalterliche Gepräge der Altstadt bewahrt.

33 Reinach–Schiltwald–Schöftland

Abwechslungsreiche Wanderung vom Wynental über den Rehhag und die Höhen des Ruedertals ins Suhrental.

Route	Höhe in m	Hinweg	Rückweg
Reinach Unterdorf 🚋 🚌	523	–	4 Std. 10 Min.
Geisshof	638	45 Min.	3 Std. 35 Min.
Rehhag	693	1 Std. 20 Min.	3 Std. 10 Min.
Schiltwald 🚌	679	1 Std. 35 Min.	2 Std. 50 Min.
Charen	748	2 Std.	2 Std. 30 Min.
Nützweid	705	2 Std. 35 Min.	2 Std.
Bänkelloch	630	3 Std. 10 Min.	1 Std. 20 Min.
Schöftland 🚋 🚌	456	4 Std. 10 Min.	–

Vom *Reinacher Unterdorf,* erreichbar mit der Wynen- und Suhrentalbahn oder mit der Seetalbahn und von Beinwil her mit dem SBB-Bus, wandern wir über den Dorfteil Alzbach nach Westen und steigen über den Rinecherberg zum *Geisshof* hinauf. Wir geniessen dabei die freie Sicht übers Moos zu den Ortschaften Leimbach und Zetzwil, zum Homberg sowie nach Norden auf das langgestreckte Dorf Gontenschwil, eingebettet zwischen dem Westhang des Wynentals und der Egg, der markanten Seitenmoräne.

Vom Weiler Geisshof, der zu Gontenschwil gehört, weiter nach Westen über den Geländevorsprung Hochrüti zur Häuserreihe im Sagebach-Tälchen und über einen Wiesenweg zum Steg, der an den Gegenhang führt. Wiederanstieg in einem Bogen nach links und durch einen Waldstreifen zur Strasse Booler-Schiltwald, der wir bis zum ersten Haus des Weilers *Rehhag* folgen. Nach rechts gelangen wir zum Wald und zum Übergang ins obere Ruedertal. Im Süden, zwischen dem Stierenberg und dem Hang des Seckwaldes, erblicken wir die Berge der Zentralschweiz, und gegen Norden überschauen wir das hügelige Einzugsgebiet der Ruederche, das «aargauische Emmen-

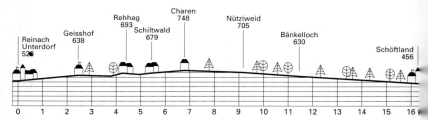

tal», so genannt wegen der Ähnlichkeit mit dem bernischen Emmental. Ein Strässchen führt zum nahen Winkel, wo wir die junge Ruederche überschreiten, und ein Fussweg mündet bei der Postauto-Haltestelle *Schiltwald* in die Hauptstrasse.

Beim nahen Schulhaus nun links zum letzten Aufstieg über den Schweikhof (Verpflegungsmöglichkeit im nahen Restaurant «Risi») und weiter auf dem Strässchen, das sich nach rechts zum Gehöft *Charen,* dem höchsten Punkt unserer Wanderung, hinzieht. Die Aussicht nach Osten und Norden ist be-

Zwischen dem Wynen- und Suhrental erstreckt sich über Höhen und Täler ein weiträumiges Wandergebiet. Ausserhalb der Dörfer trifft man in dem traditionsreichen Landwirtschaftsland auf Weiler und stattliche Einzelhöfe.

merkenswert; bei günstigem Wetter entdecken wir über das Ruedertal hinweg den Jura und in der Ferne den Schwarzwald.
An einem alten Grenzstein mit den Berner und Luzerner Wappen vorbei zur Wanderroute, die vom Gschweich herunterkommt. Wir meiden die Teerstrasse, die nach Norden über den Hombrig führt, halten links zum Wald und befinden uns nach einer Steilstufe über dem Hof Altweg mit weitem Ausblick auf das luzernische Dorf Kulmerau in der Hangmulde, auf die Westseite des breiten Suhrentals und zum Solothurner Jura.
Ein gutes Strässchen folgt ebenhin, vorbei an einem kleinen Rastplatz, dem Waldrand bis zur Verbindungsstrasse Morgenstern–Bodenrüti, die wir auf dem Scheitelpunkt überqueren. Nach einem kurzen Wegstück in westlicher Richtung ziehen wir am Rande des Weilers *Nütziweid* vorbei auf dem breiten Rücken des Hügelzuges weiter nach Norden, durchwandern den Waldabschnitt Frauenacher, die Lichtung Rötler und benützen den Sitzplatz bei der Kirchleerauer Waldhütte für eine weitere Rast.
Die solide Waldstrasse führt zum *Bänkelloch* hinunter, dem kleinen Passübergang zwischen Kirchleerau und Kirchrued. Kurzer Aufstieg auf die Hügelkuppe Burg, wo unsere Route nach Westen ausholt, um nach Hinter Nack zu gelangen. Während unserer kurzweiligen Wanderung ist der Ausblick auf die nahe und weitere Umgebung, auf die Hügelzüge und Eggen, auf die Weiler und Höfe sehr abwechslungsreich.
Nach einem Waldstück erreichen wir den etwas tiefer liegenden offenen Geländeabschnitt Höchi, halten rechts und verlassen nach einem weiteren Waldstreifen das steile Strässchen nach links. Wir folgen dem Waldrand über dem Haberberg nach Nordwesten und stehen nach der letzten Waldpartie unvermittelt über Schöftland, der grossen Ortschaft an der Einmündung des Ruedertals ins Suhrental. Der Abstieg führt zu den Fabrikationsgebäuden der Fehlmann AG und zur Brücke über die Ruederche. Beim Gasthof «Löwen» links über die Hauptstrasse, am Schloss vorbei in die Bahnhofstrasse zum Bahnhof *Schöftland* (Route 36).

Nebenroute
a) Hochrüti–Brünnelichrüz–Schmiedrued–Nütziweid 1 Std. 50 Min.

Abzweigungen
b) Rehhag–Brünnelichrüz–Gontenschwil 🚌 1 Std. 10 Min.
c) Nütziweid–Schmiedrued 🚌 25 Min.
d) Bänkelloch–Schlossrued 🚌 25 Min.
e) Hinter Nack–Kirchleerau 🚌 20 Min.

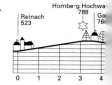

34 Reinach–Homberg–Dürrenäsch–Aarau

Von Süden auf die «Aargauer Rigi» und über den Hügelzug zwischen Wynen- und Seetal nach Gränichen und abschliessend von Suhr über den Gönert in die Kantonshauptstadt.
Grosse Waldabschnitte zwischen Homberg und Dürrenäsch und vom Siben Zwingstein bis vor Gränichen. Ganztagswanderung, verhältnismässig wenig Hartbelag.

Route	Höhe in m	Hinweg	Rückweg
Reinach Unterdorf 🚋 🚌	523	–	6 Std. 50 Min.
Homberg Hochwacht	788	1 Std. 05 Min.	6 Std.
Wampfle	705	2 Std. 10 Min.	4 Std. 45 Min.
Dürrenäsch 🚌	540	2 Std. 55 Min.	3 Std. 50 Min.
Gränichen 🚋	405	4 Std. 55 Min.	1 Std. 40 Min.
Suhr 🚋	397	5 Std. 25 Min.	1 Std. 10 Min.
Gönert	460	5 Std. 55 Min.	45 Min.
Aarau 🚋 🚌	383	6 Std. 30 Min.	–

Im nördlichen Dorfteil von *Reinach,* erreichbar mit der Wynen- und Suhrentalbahn sowie mit der Seetalbahn und dem SBB-Bus ab Beinwil am See, folgen wir Sandgasse nach Osten, halten nach 150 m nach links in die Kanalstrasse. Bei der grossen Pappelreihe benützen wir den Feldweg ostwärts und gelangen anschliessend auf der Brüggelmoosstrasse zum Ortsteil Holenweg, wo der Aufstieg beginnt. Nach der ersten Steilstufe rechts zu den Bauernhöfen und anschliessend nordwärts, geradeaus den Hang hinauf. Der Blick weitet sich sehr rasch auf die Agglomeration Reinach, Menziken, Pfeffikon und Burg, auf das südliche Wynental und das Seetal. Am Ende der Asphaltstrasse rechts auf dem Feldweg nördlich einer Hecke entlang zur Wanderroute, die von Beinwil am See heraufkommt. Weiter aufsteigen nach Nordwesten. Über dem Biswindhof erblicken wir den Aussichtsturm auf dem Kulminationspunkt.

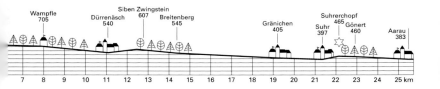

Südlich von Aare/Limmat

Die *Homberg Hochwacht* (Rastplatz mit Feuerstelle) ist wohl der bekannteste Aussichtspunkt im Aargauer Mittelland («Aargauer Rigi»). Eindrücklich ist der weitgespannte Ausblick auf den Hallwilersee und den Baldeggersee weiter im Süden, auf die Hügelzüge des Lindenbergs, der Erlosen und des Stierenbergs und den Kranz der Alpen vom Berner Oberland über die Zentralschweiz bis zum Säntis.

Unser Weg führt nach dem Gedenkstein für Theodor Fischer (1872–1925) dem Schriftsteller von Reinach, der unter dem Pseudonym «Waldläufer» schrieb, und nach dem ersten Waldstück nach rechts zum Gasthof Homberg sowie über den Flügelberg mit einigen wenigen Häusern zur Strassengabelung. Wir schlagen den Weg links ins Herrenholz ein und biegen nach knapp 300 m rechts ein zum Waldausgang. Wir geniessen hier nochmals den Blick auf den Hallwilersee, die Hügelzüge und die vielen Dörfer im Osten und erreichen dem Waldrand entlang absteigend die Birrwiler Waldhütte vor dem Tannhölzli (Rastplatz).

Auf dem weiteren Weg – bis vor Dürrenäsch vor allem im Wald – empfiehlt es sich, gut auf die markierten Richtungsänderungen zu achten. Wir benützen zuerst die nach Westen führende Strasse und halten nach gut 400 m nach rechts, um vom Chräjenloch über die Kuppe des Tätschbüels zur Verbindungsstrasse Birrwil–Zetzwil zu gelangen. Durch den Ufbruch steigen wir nochmals nach Norden auf, wenden uns nach links und umgehen die Egg auf der Westseite auf einem langen Wegstück bis zur Strasse Leutwil–Zetzwil. In 3 Min. ist das weiter westlich gelegene Restaurant *Wampfle* zu erreichen.

Noch ein kurzes Wegstück nach Norden bis zum Abstieg nach Dürrenäsch. Nach dem Austritt aus dem Wald freier Blick zum Kettenjura von der Geissflue zur Gislifue und über den Staufberg hinweg ins Gebiet des Bözbergs und zum Schwarzwald in der Ferne. Für den weiteren Abstieg wählen wir anstelle der Teerstrasse über Untersädel eine westlich liegende Route: nach 150 m links halten, in der nachfolgenden Kurve nochmals links, durch ein kleines Waldstück und zum nächsttieferen Feldweg absteigen. An einem Brunnen vorbei zum Waldstück Sand hinüberwechseln und nach dem Wasserreservoir zum Bauernhof am Waldausgang absteigen. Nochmals kurz nach links und auf einer Feldstrasse ins Unterdorf von *Dürrenäsch* hinunter, wo sich das Walti-Haus (ehemalige Untervogtei 1591) und ein alter Speicher befinden.

Von der nahen Postauto-Haltestelle über die Zehntengasse und den Höhenweg hinauf auf die Hügelrücken und ebenhin nach Norden zur Weggabelung beim Siben Zwingstein am Anfang des zweiten grossen Waldabschnitts. Beim Siben Zwingstein handelt es sich um den Grenzpunkt zwischen den Bezirken Aarau, Lenzburg und Kulm sowie der Gemeinden und

ehemaligen Hoheitsgebiete von Gränichen, Seon, Retterswil, Dürrenäsch, Teufenthal, Trostburg und Liebegg.
Wir halten rechts, bei der Seoner Bampf links, steigen zur Einsattelung hinab und zur Sunnhalden hinauf und gelangen zur Waldhütte von Seon mit Rastplatz und über einen Treppenweg zum Übergang südlich Breitenberg hinunter. Weiter in gleicher Richtung, die Ortsverbindungsstrasse Seon-Gränichen queren und schliesslich in nordwestlicher Richtung zum Waldausgang beim Hochspüel (Rastplatz mit Feuerstelle).
Auf einem Feldweg leicht ansteigend auf den nahen Hügelrücken Schaholten mit freiem Blick auf das mittlere Wynental, auf Gränichen und den nahen Jura. Unsere Route beschreibt einen weiten Bogen nach Westen und führt zum etwas steilen Abstieg durch das Wohngebiet der Vorstatt in den nördlichen Teil von *Gränichen*.
Sehenswert in Gränichen sind vor allem die 1663 erbaute Pfarrkirche, ein Hauptwerk des frühen reformierten Kirchenbaus im Aargau, das ehem. Beinhaus aus dem 15./16. Jh., das 1580 erbaute Pfarrhaus und vor allem das markante Untervogthaus, 1674 errichtet, das zu den besten nachgotischen Profanbauten des Aargaus gehört.
Von der Wynabrücke, in der Nähe des Bahnhofs, halten wir rechts durch das Holtenquartier und gelangen durch die Autobahnunterführung wieder zur Wyna. Die Route verlässt den kleinen Waldabschnitt nach Westen und führt beim neuen Wohnquartier von Suhr nach Norden und in die Unterführung mit Abzweigung zur stark befahrenen Hauptstrasse. Dieser folgen wir von Möbel-Pfister nach Westen, am 1576 erbauten Salzhof vorbei zur Haltestelle *Suhr* der WSB. Der Bahnhof Suhr SBB befindet sich 70 m weiter südlich. Uns gegenüber steht das 1773 erbaute Gasthaus «Bären».
Westlich der Haltestelle, vor dem Gasthaus «Kreuz» – spätgotisches Gegenstück zum barocken Bau des «Bären» –, benützen wir die nach Norden abzweigende Unterführung für den abschliessenden Teil unserer Wanderung, überschreiten die Suhre und steigen an der Kirche vorbei zum Aussichtspunkt Suhrerchopf hinauf. Die Kirche Suhr ist die Urpfarrei der Gegend und Mutterkirche von Aarau. Der heutige Bau datiert von 1495.
Auf der Krete nun nach Westen und durch den *Gönertwald* zur Goldernstrasse am Stadtrand absteigen (Bushaltestelle). Weiter durch den Gönhardweg und die Augustin-Keller-Strasse zum Bahnhof *Aarau* (S. 125).

Abzweigungen
a) Ob. Flügelberg–Birrwil 🚂 25 Min.
b) Siben Zwingstein–Schloss Liebegg–Teufenthal 🚂 🚌 50 Min.
c) Bampf–Seon 🚂 25 Min.
d) Breitenberg-Staufen–Lenzburg 🚂 🚌 1 Std. 30 Min.

Südlich von Aare/Limmat

35 Rundwanderweg Stierenberg

Kurze Wanderung rund um die höchste Erhebung im Aargauer Mittelland mit Ausblick nach allen Richtungen. Ganz reizvoll ist die Begehung vor allem während der trüben Spätherbst- und Wintertage, wenn die Obergrenze der Nebeldecke bei 600 bis 800 m liegt. Die Fernsicht über das Nebelmeer ist oft ein echtes Erlebnis.

Route	Höhe in m	Hinweg
Reinach Lindenplatz 🚋	532	–
Pfeffikon Mühle	546	10 Min.
Halde	652	35 Min.
Vorder Sterenberg	782	1 Std. 10 Min.
Höchweid	862	1 Std. 30 Min.
Chanzel	813	1 Std. 40 Min.
Halde	652	2 Std. 20 Min.
Pfeffikon Mühle	546	2 Std. 40 Min.
Reinach Lindenplatz 🚋	532	2 Std. 50 Min.

Der *Reinacher Lindenplatz* ist mit der Wynen- und Suhrentalbahn erreichbar und befindet sich nur wenige Minuten westlich von der Bushaltestelle SBB. Auf der Südseite steht der «Schneggen», erbaut im 17. Jh., das eigentliche Wahrzeichen von Reinach.
Unsere Wanderung beginnt in westlicher Richtung, am Gemeindehaus, dem einstigen Kornhaus, vorbei über den Parkplatz zur Strasse, die ins nahe luzernische Pfeffikon führt, dessen Kirchturm mit den farbigen Ziegeln bald ins Blickfeld tritt. Nach kurzer Steigung befinden wir uns im malerischen Kern der Ortschaft mit Kirche, Pfarrhaus und Beinhaus. Der Name Faffichouen wurde erstmals im Jahre 1045 erwähnt. Bei Ausgrabungen auf der Pfarrmatte wurden im letzten Jahrhundert Überreste einer römischen Villa entdeckt. Durch das enge Gässli zwischen Kirche und Gasthof «Löwen» weiter westwärts, beim grossen Gebäude der alten Mühle links hinauf zum ehem. Schützenhaus, wo wir das bewohnte Gebiet verlassen. Der Aufstieg

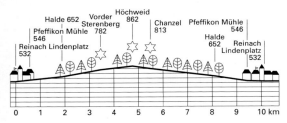

führt im Bogen nach links zu einem ebenen Wegstück, das weiter südlich in die von Menziken über die Waldegg zum Stierenberg aufsteigende Route mündet. Der Blick weitet sich immer mehr auf die Agglomeration Menziken–Reinach–Pfeffikon auf den Homberg sowie auf den Lindenberg weiter im Osten.
Der eigentliche Rundwanderweg beginnt beim Wegweiserstandort *Halde* am nahen Waldrand und ist in beiden Richtungen durchgehend markiert.
Für unsere Route wählen wir die Variante links, die über die Öleri in südwestlicher Richtung gleichmässig zum *Vorder Sterenberg* aufsteigt. Die umfassende Aussicht auf Rickenbach, auf den Buttenberg, die Bogeten, das südliche Wynental und den weiten Kranz der Berge von den Glarner zu den Berner Alpen ist bemerkenswert.
Weiter aufsteigend an einem kleinen Rastplatz vorbei und im Wald in weitem Linksbogen zur *Höchweid,* mit 862 m höchster Punkt der Wanderung und mit Aussicht auf das Gschweich, auf die Hügelzüge weiter im Westen und auf den Jura bis zum Weissenstein. Der Abstieg führt nach Norden zum Aussichtspunkt *Chanzel,* mit kleinem Rastplatz bei der Blockhütte am nahen Waldrand.
Anstelle der schattigen «Sommerroute» über die Höchweid besteht die ebenfalls gekennzeichnete Nebenroute mit sehr wenig Höhenunterschied vom Vorder Sterenberg über den Weiler Hinter Sterenberg bis zur Chanzel. Auf diesem fast 2 km messenden Panoramaweg erfreut uns die umfassende Rundsicht von Südosten über Südwesten bis Norden.
Von der Chanzel absteigend erreichen wir die Knabenrütihütte (Rastplatz) am Rande der grossen Waldlichtung. Beim Abstieg von der Lichtung zum nahen Forsthaus geniessen wir die Aussicht auf Reinach und Pfeffikon sowie auf den Homberg und hinüber ins Seetal. Nun kurzer Aufstieg nach rechts in den Wald des Pfeffiker Bergs und anschliessend Abstieg zum Waldrand, dem wir bis zur *Halde,* dem Ausgangspunkt unserer Rundtour, folgen. Ab hier bis zum Reinacher Lindenplatz ist die Route mit dem Hinweg identisch.

Weitere Zugänge zum Rundwanderweg
a) Menziken 🚌–Waldegg–Halde 25 Min.
b) Reinach Unterdorf 🚌–Waldhaus–Knabenrütihütte 1 Std.

Abzweigungen
c) Stierenbergstrasse–Beromünster 🚂 1 Std. 10 Min.
d) Knabenrütihütte–Waldhaus–Reinach Unterdorf 🚌 45 Min.
e) Knabenrütihütte–Waldhaus–Geisshof–Reinach Unterdorf 🚌 1 Std.
f) Allmend–Pfeffikon Mühle–Reinach Lindenplatz 🚌 30 Min.
g) Halde–Waldegg–Menziken🚌 20 Min.

Südlich von Aare/Limmat

36 Schöftland–Teufenthal–Lenzburg

Vom Suhrental über den Böhler und quer durchs Wynental ins nördliche Seetal. Viele Waldpartien, wenig Hartbelag.

Route	Höhe in m	Hinweg	Rückweg
Schöftland 🚂 🚌	456	–	4 Std. 40 Min.
Böhler Hochwacht	653	55 Min.	3 Std. 55 Min.
Wannenhof	612	1 Std. 25 Min.	3 Std. 20 Min.
Teufenthal 🚂 🚌	447	2 Std. 10 Min.	2 Std. 30 Min.
Breitenberg	545	3 Std. 10 Min.	1 Std. 30 Min.
Staufen 🚌	422	4 Std. 20 Min.	20 Min.
Lenzburg 🚂 🚌	406	4 Std. 40 Min.	–

Schöftland ist mit der Wynen- und Suhrentalbahn (WSB) gut erreichbar. Nach einem kurzen Aufstieg vom Bahnhof befinden wir uns auf der stark belebten Dorfstrasse und gelangen nach wenigen Schritten nach rechts in die Ruederstrasse.
Das Dorfzentrum Schöftlands wird gebildet durch das 1660 erbaute Schloss (heute Sitz der Gemeindeverwaltung), das Pfarrhaus, welches an der Stelle des früheren Burgturmes steht, und durch die stattliche Kirche. Wie Ausgrabungen zu Renovationszwecken im Jahre 1964 erkennen lessen, folgten der ältesten Kirche von Schöftland aus dem Jahre 650 um 800, 1050 und 1150 jeweils vergrösserte Neubauten. Auf dem Studenrainweg gewinnen wir rasch an Höhe durch das nordöstliche Wohngebiet und gelangen in den Wald und auf den schmalen seitlichen Hügelzug, der sich bis zum Böhler hinaufzieht. Nach einem Hohlweg im untersten Abschnitt entdecken wir rechts im Hintergrund eine ehemalige Sandsteingrube. Nach knapp 1 Std. wird der Blick frei nach Südwesten über die Höhen des Rueder- und Suhrentals und beim nahen Wegweiserstandort im Gscheit auch nach Südosten über das Wynental zum Homberg und zu den Alpen. Ein kleiner Pfad

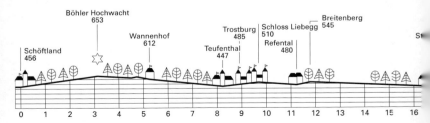

führt zur *Böhler Hochwacht* einem weiteren Aussichtspunkt mit kleinem Rastplatz. Durch den Wald nach links absteigend gelangen wir auf dem Westhang, dem wir auf guten Waldstrassen nach Norden folgen. Nach 20 Min. wählen wir den markierten Weg rechts und gelangen nach Überschreitung einer Kuppe zum Weiler *Wannenhof* im Gemeindegebiet von Unterkulm. Unser Weg führt am ehemaligen kleinen Wannenhofer Schulhaus vorbei und verlässt etwa 100 m nach der Wirtschaft die Teerstrasse nach rechts, steigt an einem Hochstudhaus vorbei zur nahen Talmulde hinauf und setzt sich nach dem Waldeintritt nach links ebenhin fort. Nach 500 m nach rechts ausholen und durch den Fornechwald vorbei an der Unterkulmer Waldhütte mit Rastplatz absteigen. Beim Waldausgang im Talgrund beschreibt unsere Route eine Spitzkehre nach Norden und folgt noch kurz dem Waldrand. Über eine Wiese und die Wynabrücke erreichen wir die Hauptstrasse, die nach links zum Bahnhof *Teufenthal* führt.

Nun am Landgasthof «Zur Herberge» vorbei, der 1795 erbaut wurde und heute unter Denkmalschutz steht, über die Wannental- und Wynentalstrasse und auf dem Feldweg zum Bauernhof hinauf, der nördlich der Trostburg steht. Das Schloss mit seinem wappengeschmückten Turm ist das Wahrzeichen der Gemeinde. Es war von 1253 bis Mitte des 15. Jh. Stammsitz der Ritter von Trostburg und gehörte später u. a. auch Hans von Hallwil, dem Helden von Murten. Heute in Privatbesitz.

Wir benützen den Feldweg, der in nordwestlicher Richtung beginnend und dem Waldrand folgend den Chatzenhübel umrundet und zum Schloss Liebegg führt, das auf einem Geländevorsprung steht und erstmals 1241 erwähnt wurde. Die sehenswerten Anlagen beim alten Schlossteil, der vor wenigen Jahren durch den Kanton Aargau renoviert wurde, sind öffentlich zugänglich.

Auf der Zufahrtstrasse steigen wir in östlicher Richtung ab. Bei der nahen ersten Kurve bietet sich die Möglichkeit, einen Abstecher zu den grossen Sandsteinhöhlen im nahen Wald zu machen (Hin- und Rückweg 10 Min.). Unsere Route biegt beim zweiten Haus nach rechts, führt nun in nordöstlicher Richtung weiter, zuerst in geringer Entfernung von der 1958 eröffneten Landwirtschaftlichen Schule Liebegg und bald durch einen Hohlweg auf eine kleine Anhöhe. Nun leichter Abstieg und nach den ersten Häusern von Refental, das zu Gränichen gehört, rechts und nach dem letzten Hof im Nordosten des Weilers über eine Weide zum Waldeingang, wo wir die Aussicht über die hügelige Landschaft bis zum Schloss Liebegg geniessen.

Auf der nahen Einsattelung südlich *Breitenberg* kreuzen wir die Wanderroute Aarau–Homberg–Reinach und steigen durch das Waldtälchen zum Gündelmoos hinunter, das wir auf einem Feldweg nach Nordosten durchschreiten. Achtung: Bei Schiessbetrieb folgen wir der ebenfalls signalisierten Umgehung.

Südlich von Aare/Limmat

Nach den Häusern im Emmet zuerst links, später rechts an grossen Kiesgruben vorbei und die stark befahrene Strasse Schafisheim–Seon queren. Auf dem Feldweg ins Niderholz, wo sich auf der linken Seite des Weges – nach einem kurzen Anstieg – ein Hallstatt-Grabhügel befindet. Nach dem Verlassen des Waldabschnitts ragt der steile Staufberg vor uns auf.
Beim Wegweiserstandort am Dorfeingang von Staufen besteht die Möglichkeit, nach einem kurzen Wegstück nach links über die markierte Aufstiegsroute von Westen her auf den lohnenden Aussichtspunkt zu gelangen. Wir stehen hier vor der schönen einheitlichen Baugruppe mit Kirche, Pfarr- und Sigristenhaus, dem geistlichen Gegenstück zum benachbarten Schloss Lenzburg. Sehr sehenswert sind in der Kirche unter anderem die spätgotischen Glasgemälde, die geschnitzte Kanzel von 1720 und der Taufstein von 1770. Zwischen Kirche und Pfarrhaus befindet sich das Wasch- und Brunnenhaus mit Tretrad zum Aufwinden des Wasserkessels. Eine signalisierte Route führt ins Dorf hinunter.
Wer auf die Besteigung des Staufberges mit einem zusätzlichen Zeitaufwand von 30 Min. verzichtet, folgt vom erwähnten Wegweiserposten aus der Hauptroute ins Dorfzentrum von *Staufen,* wo die Staufbergroute beim Affenbrunnen einmündet. Im Hinterdorf, nordwestlich vom Brunnen, stehen einige beachtenswerte alte Häuser.
Das abschliessende Wegstück führt nach rechts, mündet bei der Post in die Hauptstrasse ein und erreicht schliesslich durch die Augustin-Keller-Strasse den Bahnhof *Lenzburg* (S. 128).

Abzweigungen
a) Böhler Hochwacht–Unterkulm 🚋 30 Min.
b) Breitenberg–Gränichen 🚋 1 Std. 5 Min.
c) Breitenberg–Seon 🚋 🚌 30 Min.

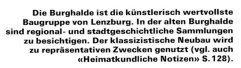

Die Burghalde ist die künstlerisch wertvollste Baugruppe von Lenzburg. In der alten Burghalde sind regional- und stadtgeschichtliche Sammlungen zu besichtigen. Der klassizistische Neubau wird zu repräsentativen Zwecken genutzt (vgl. auch «Heimatkundliche Notizen» S. 128).

37 Lenzburg–Birr–Schloss Habsburg

Wenig bekannte Verbindung vom Seetal zum Schloss Habsburg, verbunden mit dem Besuch verschiedener Sehenswürdigkeiten.

Route	Höhe in m	Hinweg	Rückweg
Lenzburg	406	–	3 Std. 40 Min.
Brunegg	425	1 Std. 40 Min.	2 Std.
Schloss Brunegg	540	2 Std.	1 Std. 45 Min.
Birr	402	2 Std. 35 Min.	1 Std. 05 Min.
Habsburg Dorf	470	3 Std. 40 Min.	05 Min.
Schloss Habsburg	510	3 Std. 45 Min.	–

Im Bahnhof *Lenzburg* (S.128) benützen wir den südlichen Ausgang und beachten die Hinweistafel betreffend den Wegweiserstandort. Wir wandern Richtung Altstadt, wobei ein Besuch sehr empfehlenswert ist. Unsere Route zweigt beim ehemaligen Bahnhof Lenzburg Stadt nach links ab und führt unter dem Bahndamm hindurch und diesem entlang nach rechts bis zur Mehrzweckanlage Schützenmatte. Hier auf dem Lindweg zum Wald. Der Kleine Römerstein, ein etwa 50 m vom Wanderweg entfernter Findling, besteht aus einem grossen und drei kleinen Granitblöcken. Vor der Autobahn rechter Hand Römisches Theater. Die Länge der Frontmauer beträgt 74 m. Die Entdeckung eines so grossen Theaters, das immerhin rund 400 Personen fassen konnte, in der Nähe einer doch recht kleinen Landsiedlung war eine Überraschung. Das Theater könnte der Mittelpunkt eines religiösen Zentrums für die Bevölkerung des Vicus und der umliegenden Gutshöfe gewesen sein, das möglicherweise auf vorrömische Wurzeln zurückgeht.
Die römische Siedlung «Lentia» auf dem Lindfeld bei Lenzburg wurde nach Ausweis der ältesten Funde zwischen 30 und 40 n.Chr. gegründet. Ihre Blütezeit erlebte sie vom späteren 1.Jh. bis zur Mitte des 3.Jh. n.Chr.: Häuser, die zum Teil Mörtelböden aufwiesen, zeugen von einem erhebli-

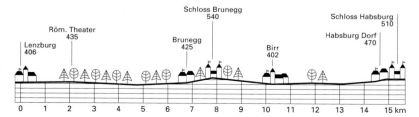

▲ Seit dem Mittelalter ist der Aargau das Land der Burgen und Schlösser. Schloss Lenzburg, die bedeutendste Burganlage des Aargaus, war Sitz der Grafen von Lenzburg, später habsburgisches und bernisches Verwaltungszentrum (vgl. auch «Heimatkundliche Notizen» S. 128).

▶ Die Habsburg, die als Stammburg des gleichnamigen Geschlechts gilt: In Tat und Wahrheit wurde dieser erhaltene Teil der Burg nicht mehr von den Habsburgern selbst bewohnt, nur noch von Dienstadligen. Von der älteren, sog. vorderen Burg sind nur noch die Grundmauern erhalten (Routen 31 und 37).

chen Wohlstand. Daneben wurden Reste einfacher Behausungen aufgedeckt. Zur Siedlung gehörte auch eine Zone mit monumentalen Bauten. Diese Struktur zeigt die Bedeutung des römischen Lenzburg.
Der Wanderweg benützt die Unterführung des Autobahnanschlusses. Der Grosse Römerstein ist der grösste Findling auf der Endmoräne am Ausgang des Bünztales. Dieser Granitblock, umgeben von kleinen Blöcken, wurde am 25.2.1867 durch Beschluss der Ortsbürgergemeinde unter Schutz gestellt. Hütte und Rastplatz.
Auf dem weiteren Weg gut auf die Zwischenmarkierung achten (viele Abzweigungen). Autobahn unterqueren. Die üppige Farnvegetation findet un-

sere Beachtung. Im Wald steigen wir ins Bünztal ab und überqueren den Fluss auf einer Brücke. Auf der Hauptstrasse 100 m nach links und rechtwinklig in den Birchwald. Später dem Waldrand entlang und auf der Kirchstrasse nach *Brunegg*. Aufstieg zum Schloss Brunegg (Privatbesitz) via Winkelstrasse und Schlossgasse. Während des Aufstiegs Aussicht auf Heitersberg, Meiengrüen, Bünztal und Rietenberg. Das *Schloss Brunegg* am östlichen Ende des Chestenberges wurde im 13. Jh. durch die Habsburger erbaut. Es kam 1415 durch Eroberung an die Berner und 1804 an den Kanton Aargau, der die Burg an Private verkaufte. Die Mauerdicke des Turmes erreicht unten mehr als 4 m. – In der Riss-Eiszeit ragte der Chestenberg über die Eisoberfläche empor.
Zwischen zwei Felsen Abstieg auf angenehmem Waldweg, verbunden mit einer kleinen Gegensteigung. Gut auf die Markierung achten. Am Waldrand Blick auf Birr, Bruggerberg, Geissberg, Baldegg, Lägeren und Heitersberg. Das Birrfeld ist im Kanton Aargau die grösste durch Niederterrassenschotter aufgebaute Ebene. Die Schotter wurden in der Würm-Eiszeit durch Schmelzwasserströme des Reussgletschers aufgeschüttet. Bei Schiessbetrieb kann die Schusslinie umgangen werden.
Beim Weiher beachten wir die rechtwinklige Abbiegung nach *Birr*. Pfarrkirche von 1662 mit spätgotischem Käsbissenturm. Pestalozzi-Denkmal an der Fassade des alten Schulhauses. Bei der Kirche Denkmal zur Erinnerung an die Soldaten der französischen Bourbaki-Armee, die 1871 in Bad Schinznach starben, errichtet 1899 vom Bildhauer Frédéric Auguste Bartholdi, dem Schöpfer der Freiheitsstatue in New York. Nach der Anhöhe von Lupfig verlassen wir die Teerstrasse auf einem Feldweg nach links, der südlich der Weiermatt und des äusseren Randes der Gemeinde Scherz an den Waldrand des Scherzberges führt, wo wir rechtwinklig abbiegen und durch Felder und entlang einem Waldrand zum *Dorf Habsburg* gelangen. Anschliessend kurzer Aufstieg zum *Schloss Habsburg* (s. Route 31).

Abzweigungen
a) Birchwald–Othmarsingen 🚂 10 Min.
b) Abzw. unterhalb Schloss Brunegg–Möriken 🚌 30 Min.
c) Abzw. unterhalb Schloss Brunegg–Schloss Wildegg–Wildegg 🚂 🚌 1 Std.
d) Schloss Brunegg–Chestenberg–Schloss Wildegg–Wildegg 🚂 🚌 1 Std. 40 Min.
e) Birr–Lupfig 🚂 🚌 30 Min.
f) Habsburg Dorf 🚌–Hausen 🚌 30 Min.
g) Habsburg Dorf 🚌–Brugg 🚂 🚌 45 Min.
h) Schloss Habsburg–Habsburg Dorf 🚌 10 Min.

Südlich von Aare/Limmat

38 Lenzburg–Eichberg–Schloss Hallwil

Durch das untere Seetal über den einzigartigen Aussichtspunkt Eichberg zum bekannten Wasserschloss im Norden des Hallwilersees. Wenig Hartbelag.

Route	Höhe in m	Hinweg	Rückweg
Lenzburg 🚍 🚃	406	–	3 Std.
Feufweier	436	50 Min.	2 Std. 10 Min.
Eichberg	600	2 Std. 20 Min.	1 Std.
Seengen 🚃	477	2 Std. 50 Min.	15 Min.
Schloss Hallwil 🚃	452	3 Std.	–

Vom Bahnhof *Lenzburg* (S.128) wenden wir uns nach Osten und folgen der leicht absteigenden Bahnhofstrasse bis zu den Geleisen der ehemaligen Bahnverbindung nach Wildegg. Wir halten nun rechts und gelangen durch die Bachstrasse zur alten Mühle mit der Jahrzahl 1683 über dem Türbogen. Nach einem Parkplatz beginnt der auf der Ostseite des Aabachs angelegte Fussweg. Bei Sperrung infolge Schiessbetriebes (nur gelegentlich werktags) ist die ebenfalls markierte Umgehung östlich der Sportanlagen zu benützen. Nach dem Waldeintritt beim Vita-Parcours die Strasse queren und links halten. Der nun folgende Waldrandweg bietet einen freien Ausblick auf das Schloss Lenzburg, den Staufberg und den Jura.

Die Wegweiser beim vielbesuchten Lenzburger Erholungsziel *Feufweier* weisen auf das Waldsträsschen rechts, das wir nur kurz benützen, um auf einem Verbindungsweg zur Parallelstrasse etwas weiter östlich aufzusteigen. Dieser folgen wir während 10 Min., verlassen sie nach links und gelangen zur grossen Waldlichtung Ebnet.

Vor dem Waldaustritt besteht die Möglichkeit, zum Esterliturm mit Rastplatz aufzusteigen. Dieser Turm wurde 1974 durch die Ortsbürgergemeinde Lenzburg erstellt und bietet eine umfassende Rundsicht auf Lenzburg, die

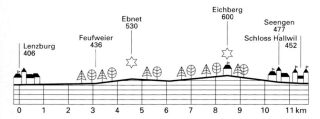

Ortschaften des Aaretals und den Jura sowie auf das Seetal und den Alpenkranz. Für den Hin- und Rückweg ist mit etwa 25 Min. zu rechnen.
Es besteht neu eine markierte Verbindung vom Esterliturm zur beschriebenen, zum Eichberg führenden Route. Bitte Wegweiser 200 m östlich Esterliturm beachten. Zurück zum Ebnet: nach etwa 100 m steigen wir auf einem Feldweg zum südlichen Waldrand auf, folgen diesem nach Osten, biegen nach rechts ins kleine Tal der Chälen ein und gelangen an einem Rastplatz vorbei nach Süden. Wir verlassen den Wald, steigen zur Verbindungsstrasse Egliswil–Ammerswil hinunter, benützen den für Wanderer erstellten Parallelweg und wechseln zum Tribächli im Firmetel hinüber.
Bei der signalisierten Routengabelung benützen wir das Strässchen rechts, steigen zum etwas höher gelegenen Waldrand auf und halten beim Geisshof links zum Feldweg, der zum Wasserreservoir der Gemeinde Egliswil führt. Nach einem kurzen Abstieg und Wiederaufstieg im Waldabschnitt Breitenloo werden der Gutsbetrieb und das 1900 gegründete Kurhaus *Eichberg* sichtbar. Auf der Südseite der Gebäude dieses beliebten Ausflugziels geniessen wir eine umfassende Aussicht auf die Visitenstube des Aargaus – auf das stattliche Dorf Seengen, auf den Hallwilersee, eingebettet zwischen dem weiten Hang zum Lindenberg und dem etwas steileren Hügelzug mit dem Homberg, sowie auf die schneebedeckten Alpen im Süden.
Für den weiteren Weg steigen wir zum nahen Wald auf und benützen die ebene Strasse nach rechts, die nach dem Verlassen des Guggenüll-Waldes an einem kleinen Rastplatz vorbeiführt. Über die Mülihalden steigen wir nach *Seengen* hinab und gelangen an der Mühle und an einer ehemaligen Schmiede vorbei durch die Oberdorfstrasse ins Zentrum des Dorfes.
Am Burgturm vorbei, der vor 1440 durch die Ritter von Hallwil errichtet wurde und heute u. a. eine Steinzeitwerkstätte beherbergt, wo der Besucher sich selbst betätigen kann, ziehen wir durch die Schulhausstrasse weiter, halten bei der 1820/21 erbauten Pfarrkirche mit weithin sichtbarem Kirchturm links und gelangen in die Boniswilerstrasse, der wir auf knapp 500 m folgen. Nach der Postauto-Haltestelle führt uns eine kleine Allee zum *Schloss Hallwil*.

Abzweigungen
a) Firmetel–Villmergen–Wohlen 🚌 🚃 1 Std. 35 Min.
b) Eichberg–Bhf. Dottikon–Dintikon 🚌 🚃 1 Std. 15 Min.
c) Eichberg–Sarmenstorf 🚌 1 Std. 30 Min.
d) Eichberg–Egliswil 🚃 30 Min.
e) Schloss Hallwil–Boniswil 🚌 🚃 30 Min.
Nebenrouten
f) Aabach/Vita-Parcours–Egliswil–Eichberg 1 Std. 30 Min.
g) Seengen 🚃–Seeuferweg–Schloss Hallwil 🚃 40 Min.

Südlich von Aare/Limmat

39 Schloss Hallwil–Bettwil–Horben

Tageswanderung vom Wasserschloss und vom Hallwilersee auf den Lindenberg und durch Wald und über Feld zum Aussichtspunkt Horben.

Route	Höhe in m	Hinweg	Rückweg
Schloss Hallwil 🚌	452	–	4 Std. 35 Min.
Sarmenstorf 🚌	527	1 Std. 20 Min.	3 Std. 20 Min.
Bettwil 🚌	695	2 Std. 20 Min.	2 Std. 25 Min.
Oberschongau	744	2 Std. 50 Min.	1 Std. 55 Min.
Schlatt	815	4 Std.	50 Min.
Horben	818	4 Std. 50 Min.	–

Das *Schloss Hallwil* ist vom Bahnhof Boniswil-Seengen mit dem Postauto oder zu Fuss auf markierter Route in 30 Min. erreichbar.
Unsere Wanderung beginnen wir auf der Ostseite des Schlosses, folgen kurz dem Aabach und gelangen durchs Moos zur Schiffstation Seengen. Weiter auf gutem Weg durchs Ufergehölz, vorbei an einer Nachbildung eines jungsteinzeitlichen Pfahlbauhauses (gestiftet vom Rotary Club Lenzburg) zur Routengablung beim Strandbad. Nach einem Wegstück von 400 m zwischen See und Rebberg steigen wir über eine Treppe zur Verbindungsstrasse Seengen–Meisterschwanden auf, der wir kurz nach rechts folgen. Wir beachten die signalisierte Abzweigung nach links zum Strässchen, das dem Schlossrain und dem Rand des Wäldchens Ob. Ischlag entlang leicht ansteigt und an Äckern und Wiesen vorbei zum Fluerenwald führt. Vor dem Waldeintritt nach links über das Untere Langenmoos, entlang dem Kanal mit einer Reihe von Birken und Pappeln, über einen Holzsteg und auf einem Feldweg zu den ersten Häusern von *Sarmenstorf* in der Nähe des Bahnhofs. Bedeutende Funde weisen darauf hin, dass das Gebiet von Sarmenstorf seit der Jungsteinzeit dauernd besiedelt war. Mehrere Grabhügel aus der Zeit um 2200 v. Chr. wurden im Zigi auf der Ostseite des Gemeindegebietes

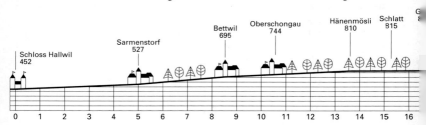

ausgegraben, und ein alemannisches Gräberfeld befindet sich auf der Westseite des Dorfes. Sehenswert sind die Pfarrkirche, das 1744/45 erbaute Pfarrhaus wie auch an der Strasse nach Büttikon die St.-Wendelins- Kapelle, in deren Bau ein erratischer Block einbezogen ist – vermutlich ein heidnischer Opferstein.

Wir durchschreiten Sarmenstorf nach Osten, halten nach dem Gasthof «Wilder Mann» (1669 erbaut) nach rechts aufsteigend dorfauswärts und geniessen die Aussicht über das Dorf sowie über das nördliche Seetal zum Jura. Beim Waldeintritt besteht die Möglichkeit, nach links einen Abstecher von nur 130 m zu einer Fliehburg zu machen. Nun weiter durch einen Hohlweg, beim Erusbach links dem Waldrand entlang aufsteigen und beim erneuten Waldeintritt nochmals links zum Heidenhübelstein, einem erratischen Block von beeindruckender Grösse. Die benützte Waldstrasse beschreibt einen weiten Bogen nach rechts und führt anschliessend geradeaus, leicht ansteigend nach Süden zu den 1929 konservierten Grundmauern einer Badeanlage, Teil eines aus verschiedenen Gebäuden bestehenden römischen Gutshofes aus dem 1. Jh. n. Chr.

Unsere Route wendet sich nach etwa 60 m nach rechts zum Wald hinaus und anschliessend nach links, führt wieder geradeaus nach Süden, kurz einem Waldrand entlang und an einem kleinen Friedhof vorbei nach *Bettwil*, der höchstgelegenen Gemeinde im Aargau, auf der sonnigen Terrasse des nördlichen Lindenbergs. Urkundlich wurde dieses Bauerndorf bereits im Jahre 893 als Petiwilare erwähnt. Sehenswert sind die spätbarocke Pfarrkirche, das 1764 erbaute Pfarrhaus und verschiedene alte Kreuze und Bildstöcke.

An einem typischen Freiämter Bauernhaus vorbei und durch ein neues Wohnquartier gelangen wir zur Hochebene Bodenächer und erblicken im Süden den Kirchturm von Oberschongau, unser nächstes Ziel. Empfehlenswert ist der Besuch der alten Kirche, die auf römischen Fundamenten gebaut ist, erstmals 1036 erwähnt wurde und zu den ältesten Pfarreien des Kantons Luzern zählt.

Bei den ersten Häusern benützen wir die nach Osten leicht ansteigende Strasse bis kurz nach dem Waldeingang, halten rechts und gelangen östlich Chalchtaren wieder an den Waldrand und über die Strasse Schongau–Muri. Unser Weg setzt sich auf dem Rücken des Lindenbergs nach Süden weiter fort, führt zuerst durchs Tannwäld, an den einsamen Höfen im Chilholz vorbei zum Hänenmösli, wo wir die Mittellandroute kreuzen. Weiter durch den Schlattwald und östlich der grossen Waldlichtung *Schlatt* über die Verbindungsstrasse Hitzkirch–Muri.

Nach dem Verlassen des Vorderwaldes bietet sich uns eine weite Aussicht über das obere Freiamt und das Zugerland zu den Voralpen sowie zu den

Wanderparadies Aargauer Mittelland: Die sanften Höhen eignen sich sowohl für Spaziergänge als auch für ausgedehnte Wanderungen und gewähren meist freie Sicht auf Alpen und Jura.

Glarner und Urner Berggipfeln. Nach den Höfen Grod benützen wir im Groderwald die Strasse rechts, halten nach etwa 350 m links, überqueren auf einem Holzsteg einen kleinen Wasserlauf und gelangen nach dem Waldaustritt zur grossen Alpweide. Ein kurzer Abstieg dem Waldrand links entlang mündet in die Fahrstrasse, der wir bis zum Gasthof *Horben* folgen. Kurz vor unserem Ziel bemerken wir das 1700 durch Abt Placidus Zurlauben als Erholungsheim des Klosters Muri errichtete Schlösschen (heute in Privatbesitz).

Die Bergwirtschaft bietet dem Wanderer Rast und Stärkung. Vom in südlicher Richtung parallel zur Strasse verlaufenden Wegstück, das im Rahmen der Melioration geschaffen wurde, prächtiger, umfassender Ausblick auf das weite Reusstal, auf die Voralpen und die schneebedeckten Berge der Ost- und Zentralschweiz.

Abzweigungen und Abstiege
a) Bettwil –Muri 2 Std. 10 Min.
b) Oberschongau–Aesch–Mosen 1 Std. 30 Min.
c) Hänenmösli–Hitzkirch 1 Std. 25 Min.
d) Schlatt–Muri 1 Std. 5 Min.
e) Horben–Benzenschwil 1 Std. 15 Min.
f) Horben–Auw–Sins 2 Std. 10 Min.
g) Horben–Hochdorf 1 Std. 45 Min.
h) Horben–Kleinwangen 1 Std. 10 Min.

40 Bremgarten–Hägglingen–Meiengrüen

Aussichtsreiche Hügelwanderung von Reuss- ins Bünztal. Abstiegsmöglichkeiten ab Meiengrüen sind unter «Abzweigungen» aufgeführt.

Route	Höhe in m	Hinweg	Rückweg
Bremgarten	386	–	2 Std. 55 Min.
Fischbach	385	55 Min.	1 Std. 55 Min.
Niederwil	410	1 Std. 30 Min.	1 Std. 20 Min.
Hägglingen	475	2 Std. 35 Min.	20 Min.
Meiengrüen	589	3 Std.	–

Beim Bahnhof *Bremgarten* (S.126) überqueren wir die Hauptstrasse, wenden uns nach Westen und steigen zur Altstadt ab. Der Wanderweg führt bewusst an verschiedenen historischen Gebäuden vorbei, nämlich u. a. am ehemaligen Zeughaus, Schellenhaus, Schlössli, Pfarrhelferhaus, Pfarrhaus,

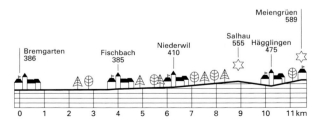

an der katholischen Stadtkirche und am Hexenturm an der Reuss. Ab hier angenehmer Uferweg flussabwärts bis zur neuen Brücke in der Reussschleife, die wir überschreiten. Das anschliessende Waffenplatzgelände wurde gut der Gegend angepasst. Der Name Folenweid scheint sehr passend, ist hier doch die Zuchtgenossenschaft beheimatet (gesamte Betriebsfläche 53 ha). Es werden vor allem fremde Fohlen aufgezogen und angeritten, die später als Sport- und Freizeitpferde dienen. Durch flachen Wald und offenes Gelände wandern wir nach *Fischbach*. Bei der Sägerei wird die Strasse Bremgarten–Mellingen überquert. Vor dem kleinen Wald Schweiel beachten wir linker Hand das Kleinod Fischbacher Moos. Entlang einer Seitenmoräne gelangen wir nach *Niederwil*. Die Pfarrkirche St. Martin, 1045 erstmals erwähnt, wurde 1690/91 neu gebaut. Barocke Ausstattung. Im Bereich von Kirche und Friedhof Reste eines römischen Gutshofs. Im Anstieg links eine kleine Wegkapelle. Die Verbindungsstrasse zum Weiler Rüti verlassen wir nach rechts und beachten später im Wald verschiedene, z. T. in Gebüschen versteckte erratische Blöcke, bevor wir die Bruderklausen-Gedenkstätte Salhau erreichen. Diese gediegene Anlage verdanken wir dem verstorbenen Stifter Oswald Geissmann. Am 12. Oktober 1947 war die festliche Einweihung. Gedenkstein zu Ehren des Stifters. Prächtiger Aussichtspunkt (Bünz- und Aaretal sowie Jura). Für den Abstieg steht uns ein bequemer Feldweg zur Verfügung. Ein Abstecher zur Kirche von *Hägglingen* lohnt sich. 1739 neu gebaut von Franz Xaver Widerkehr aus Mellingen. Zierliche Barockaltäre und -kanzel von Joseph Moosbrugger, 1742. Im mittelalterlichen Turmerdgeschoss Sakristei mit 1951 freigelegtem spätgotischem Freskenzyklus. Die erste hölzerne Kirche wurde bereits 970 gebaut. Pfarrhaus aus dem Jahre 1744. Der letzte Anstieg erfordert noch eine kleine Anstrengung. Bei der zuoberst gelegenen Häusergruppe wurde in früheren Jahren versucht, Kohle zu fördern, jedoch ohne Erfolg. Von der Ruhebank am Waldrand prächtige Aussicht.

Unser Ziel Restaurant und Turm *Meiengrüen* ist erreicht. Der stählerne Aussichtsturm, 1929 durch eine Genossenschaft erbaut, löste den baufälligen Holzturm ab. Nach Auflösung der Genossenschaft im Jahre 1941 gelangte der Turm in Privatbesitz. Für den Abstieg bieten sich viele Möglichkeiten an.

Abzweigungen und Abstiege
a) Abzw. Niederwil–Niederwil 5 Min.
b) Hägglingen–Dottikon Dottikon-Dintikon 40 Min.
c) Meiengrüen–Mägenwil 35 Min.
d) Meiengrüen–Mellingen 1 Std.
e) Meiengrüen–Othmarsingen 40 Min.
f) Meiengrüen–Hendschiken 1 Std. 10 Min.

41 Mellingen–Egelsee–Dietikon

Aussichtsreiche Wanderung vom aargauischen Reuss- ins zürcherische Limmattal mit zahlreichen naturkundlichen Sehenswürdigkeiten. Eine markierte Route führt auch ab Mellingen Bhf. in 20 Min. zur Reussbrücke, wo der Anschluss an den Wanderweg ab Mellingen Post hergestellt wird. Gutes Schuhwerk erforderlich, da einige Strecken auf Graswegen. Bei nasser Witterung eher meiden.

Route	Höhe in m	Hinweg	Rückweg
Mellingen 🚌	350	–	3 Std. 35 Min.
Busslingen 🚌	410	1 Std.	2 Std. 40 Min.
Remetschwil 🚌	524	1 Std. 25 Min.	2 Std. 20 Min.
Egelsee	670	2 Std. 20 Min.	1 Std. 35 Min.
Kindhausen 🚌	590	2 Std. 55 Min.	55 Min.
Dietikon 🚆 🚌	388	3 Std. 45 Min.	–

Wir beginnen unsere Wanderung bei der Post *Mellingen* (S. 129) und gelangen durch die Altstadt, die sehr beachtenswert ist, und über die Brücke auf die andere Seite der Reuss. Zuerst auf der Hauptstrasse nach rechts Richtung Stetten. Die Abzweigung nach links zum Waldrand dürfen wir nicht verpassen. Diesem entlang bis zum Weiler Holzrüti, der zur Gemeinde Niederrohrdorf gehört. Wegkreuz aus dem Jahre 1661 mit den Symbolen von Sonne und Mond. Anstieg zum Hürstwald.

Für naturkundlich Interessierte beschreiben wir zwei Sehenswürdigkeiten, die abseits des Wanderweges liegen. Die Zugänge sind nicht markiert, wobei die Objekte von Kartenkundigen mit dem Blatt Wohlen 1:25 000 und unseren Koordinatenangaben gefunden werden können.

1. Der Fuchsstein (Koord. 664 930/251 300) liegt auf einer Seitenmoräne im Walde Hürst. Grosser Nagelfluhblock mit Sandsteinlinsen. Er stammt aus der Gegend von Rigi und Rossberg. Infolge Bewachsung nicht gut sichtbar.

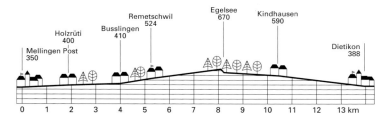

Südlich von Aare/Limmat 114

2. Im Torfmoos von Oberrohrdorf westlich Vogelrüti (Koord. 665 300/ 252 000) befinden sich Teiche und Moore in Toteislöchern. Hier blieben beim Rückzug des Gletschers Eislinsen liegen, die erst später abschmolzen und dabei eine Senke im Gelände hinterliessen.
Die Weiher können am einfachsten erreicht werden, wenn man beim Waldausgang in der Waldecke vor Busslingen zuerst einen Waldweg nach links geht. Am Wegrand je ein Nagelfluh- und Granitfindling.
Nach Verlassen des Hürstwaldes über offenes Gelände zum Weiler *Busslingen*. Beim Brunnen und steinernen Wegkreuz von 1820 rechts halten. Nach dem Waldeintritt gediegener Rastplatz. Auf romantischem Weg durch das Tobel zum Dorf *Remetschwil*. Der sonnige Hang mit der Ausrichtung nach Südwesten und die grossartige Fernsicht (Reusstal, Vor- und Hochalpen, Jura und Schwarzwald) begründen eine Wohnlage von seltener Qualität. Vorbei an einem Wegkreuz, über verschiedene Quartierstrassen und einen Feldweg wird nördlich des Sennhofes die Höhenroute erreicht, die von Baden herkommt. Entlang des Waldrandes kommen wir auf das Plateau, anschliessend wechseln Wiesen und Wald ab. Bei der Wegspinne Widenhau Abstieg zum *Egelsee*. Dieser hat sich im Nackental zwischen einem abgesackten Gesteinspaket und dem anstehenden Deckenschotter gebildet. Die allmähliche Verlandung ist nicht aufzuhalten. Unterhalb des Egelsees im Gebiet des ehemaligen Bollenhofes Trinkwasserfassungen der Stadt Baden. Im Uferbereich seltene Pflanzen- und Tierwelt, die durch eine Naturschutzverordnung geschützt ist. Angenehmer Ufer- und Waldweg zum Forsthaus mit Rastplatz und Brunnen. Zu empfehlen ist der markierte Abstecher zur Ruine Kindhausen. Auf bewaldetem Grat ehemalige Burg, vermutlich der Herren von Schönenwerd, erbaut im 12. Jh. und im 14. Jh. verlassen. Konservierte Reste des südlichen Rundturmes mit Wohnbau und des nördlichen Viereckturmes. Nach einer alten Chronik soll die Burg 1353 von Zürcher Truppen erobert und anschliessend zerstört worden sein. Aufgrund des Grabungsbefundes muss diese Überlieferung angezweifelt werden; die Burg scheint eher um 1200 einer Feuersbrunst zum Opfer gefallen zu sein. Gleicher Rückweg bis zum Forsthaus.

Schellen- und ehemaliges Zeughaus in Bremgarten.

Geologisch Interessierte können zusätzlich den Guggehürlistein (Koord. 669 750/249 400) besuchen. Dieser Kalk-Nagelfluh-Felsblock wurde gegen Ende der vorletzten Eiszeit (Riss) vom Linth-Rhein-Gletscher zurückgelassen. Dieser Abstecher ist im Gegensatz zur Abzweigung nach der Ruine Kindhausen nicht markiert.
Ab dem Forsthaus Abstieg auf einer Waldstrasse, die im letzten Weltkrieg von polnischen Internierten gebaut wurde. Am Waldrand angenehmer Rastplatz. Überraschender Blick ins zürcherische Limmattal, auf Zürich, Uetliberg und Albiskette. In kurzer Zeit erreichen wir *Kindhausen*, einen Dorfteil von Bergdietikon. Vor der Gründung des Kantons Aargau gehörten der «Berg ob Dietikon» und die zürcherische Stadt Dietikon als ein einziger Gemeindebann zur Grafschaft Baden.
Bei Kindhausen wurde im 19 Jh. intensiv Rebbau betrieben, bevor Rebkrankheiten eine Umstellung auf die Dreifelderwirtschaft notwendig machten. Angenehmer Abstieg, wobei nach den Einfamilienhäusern die Kantonsgrenze Aargau/Zürich überschritten wird. Zuerst durch Aussenquartiere der Stadt Dietikon, vorbei am Gasthof Ochsen zum Bahnhof *Dietikon* mit vielen Anschlussmöglichkeiten. Durch die napoleonische Mediationsakte wurde ein Teil des Amtes Dietikon, das zuerst ganz dem Kanton Aargau zugeschlagen worden war, dem Kanton Zürich abgetreten. So gelangte Dietikon-Dorf zum Kanton Zürich und der aus mehreren Siedlungen (Baltenschwil, Gwinden, Kindhausen) und einigen Höfen bestehende Dietikon-Berg zum Kanton Aargau. Ausgedehntes Naherholungsgebiet, das auch von Bewohnern der Agglomeration Zürich aufgesucht wird. Viele motorfahrzeugfreie Strassen und Wege stehen dem Wanderer zur Verfügung.
Das Bild von Dietikon wird geprägt durch den grossen Bau der katholischen St.-Agatha-Kirche, errichtet 1926/27 im neuklassizistischen Stil. Bemerkenswert ist das Gasthaus «Krone», als Taverne des Klosters Wettingen 1703 erbaut. Mächtiger Giebelbau, schönes Portal mit barockem Wappenrelief. Der Kern von Dietikon war bereits zur Römerzeit besiedelt.

Abzweigungen
a) Egelsee–Spreitenbach 45 Min.
b) Egelsee–Killwangen-Spreitenbach 1 Std.
c) Forsthaus Schlossrain–Hasenberg–Berikon-Widen 1 Std.
d) Forsthaus Schlossrain–Rne. Kindhausen 15 Min.
e) Abzw. oberhalb Kindhausen–Unt. Schönenberg–Gwinden–Reppischhof 1 Std.
f) Abzw. Kindhausen–Kindhausen 3 Min.
g) Abzw. unterhalb Kindhausen–Franzosenweier–Spreitenbach 50 Min.

Südlich von Aare/Limmat

42 Baden–Hasenberg–Bremgarten

Aussichtsreiche Wanderung über den Heitersberg an die Reuss.

Route	Höhe in m	Hinweg	Rückweg
Baden	385	–	4 Std. 45 Min.
Spittelau	477	1 Std.	3 Std. 50 Min.
Rüsler	640	1 Std. 40 Min.	3 Std. 20 Min.
Heitersberghöhe	782	3 Std. 30 Min.	1 Std. 40 Min.
Hasenberg	696	3 Std. 45 Min.	1 Std. 20 Min.
Widen	535	4 Std. 10 Min.	45 Min.
Bremgarten	386	4 Std. 50 Min.	–

Vom Bahnhof *Baden* (S.126) gehen wir auf die Terrasse mit Springbrunnen (zentraler Wegweiserstandort). Nun auf der Badstrasse nach rechts und am Stadttor vorbei. Dieses wurde früher auch «Bruggerturm» oder «Bäderturm» genannt, nach den Fahrwegen, die er nach Brugg und in die Bäder entlässt. Errichtet vermutlich aus Anlass des Alten Zürichkrieges zwischen 1441 und 1448 durch Werkmeister Rudolf Murer, erhöht und mit Erkern versehen zwischen 1481 und 1483 durch Martin Grülich. Torbogen in neuerer Zeit mehrfach erweitert. Über die Weite Gasse zur Vorstadt-Kreuzung, vorher alte Häuser, u. a. Zum Weissen Wind 1483, Badstube des Oltingers 1343, Zum Angel 1561, Zur Jahrzahl 1567. Hier nach rechts in die Unterführung und nach dem Verlassen derselben links nochmals durch eine zweite Unterführung, anschliessend auf Mellinger- und Oberstadtstrasse zum Bahnhof Baden Oberstadt. Die Passerelle über die Bahngeleise führt zum Wegweiserstandort an der höher gelegenen Waldstrasse. Genau auf die Markierung achten. Anstieg auf angenehmen Waldweg zum Tüfels-Chäller. Dieser ist ein Sackungsgebiet am Osthang der Baregg. Die abgeglittenen Gesteinsblöcke bestehen aus stark verkitteter Nagelfluh des tieferen Deckenschotters. Die Sackung erfolgte vermutlich nach dem Rückzug des Glet-

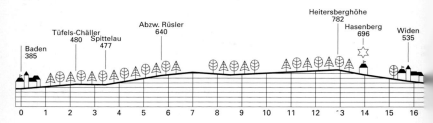

schers in der Riss-Eiszeit. Dabei glitten Nagelfluhblöcke von bis zu 30 m Höhe auf den feuchten Molassemergeln talwärts. Bizarre, oft gigantische Felstrümmer. Früher, als die Bäume noch nicht so hoch waren, führte auf den einen Felsen – «Zuckerstock» genannt – eine Treppe, die aber jetzt zerfallen ist.

Ein dem Gelände angepasster schattiger Fussweg bringt uns zur Wegspinne *Spittelau;* gleich daneben steht die Herzog-Meinrad-Hütte. Steiler Aufstiegsweg entlang einer Geländekante zum *Rüsler.* Aussicht ins Limmattal und zu den Lägeren. Der Rüsler ist eine Rodung im weiten Waldgebiet zwischen Baden und dem Hasenberg. Er ist ein freundliches Wiesland zwischen den dichten Waldrändern. Das Restaurant kann auf einer Ab-

Auf dem Weg vom aargauischen Reusstal ins zürcherische Limmattal – von Mellingen nach Dietikon – erreicht der Wanderer den Egelsee. An seinen Ufern gedeiht eine seltene Pflanzen- und Tierwelt, welche durch Naturschutzverordnungen geschützt sind. Das stille Gewässer verlandet jedoch unaufhaltsam. Ein Forsthaus mit Rastplatz und Brunnen ist über einen lauschigen Ufer- und Forstweg zu erreichen (Route 41).

Südlich von Aare/Limmat

zweigung in 5 Min. erreicht werden. Der Höhenweg benützt zuerst eine Waldstrasse, anschliessend Fussweg entlang den Weiden ob dem Sännenberg mit Sicht auf Siggenberg, Schwarzwald, Lägeren, Furttal, Altberg, Limmattal, Pfannnenstiel- und Albiskette mit Uetliberg und Felsenegg. Im Wald einzelne erratische Blöcke. Meist auf Waldwegen zum Steinkreuz mit den Symbolen von Sonne und Mond aus dem Jahre 1700. Die Strassen von Oberrohrdorf sowie von Remetschwil nach Spreitenbach werden gekreuzt. Der Wanderweg biegt vor dem Sennhof dem Waldrand entlang links ab. Von hier prächtiger Blick ins Reusstal, auf Lindenberg und Jura. Die Höhenkuppe mit Wiesen und Feldern bietet verschiedene Ausblicke; dann geht es wieder in den Wald zur Abzweigung Widenhau. Romantischer Höhenweg als Trampelpfad entlang der Steilkante, mit gelegentlichen Ausblicken ins Limmattal, über die *Heitersberghöhe* zum *Hasenberg*.

Dazwischen sehen wir den in der Tiefe liegenden Egelsee (s. Route 41). Der Hasenberg ist einer der vielen Punkte im Mittelland, die zwar nicht besonders hoch liegen, die aber dank ihrer Lage eine unvergleichliche Aussicht bieten. Bevor das Restaurant Hasenberg erreicht wird, gediegener Rastplatz am Waldrand.

St.-Antonius-Kapelle, 1843 neuerbaut mit spätklassizistischem Altar. Das heilpädagogische Heim «Morgenstern» rechts am Wege leistet bedeutende Arbeit und wird sehr geschätzt. Abstieg vorbei am Bauernhaus durch das Michelholz und neue Wohnquartiere zum Dorf *Widen*. Ausserhalb des Friedhofs moderne Brunnenanlage. Dem idyllischen Girenseeli schenken wir unsere Aufmerksamkeit. Im Bereich der Haltestelle Heinrüti queren wir zweimal die Hauptstrasse Mutschellen–Bremgarten. Unterhalb Stigelen benützen wir als Abkürzung den historischen alten Zürichweg, wo auch noch Bruchsteinmauern vorhanden sind. Auf dem Trottoir entlang der Hauptstrasse gelangen wir zum Bahnhof *Bremgarten* (S. 126).

Abzweigungen
a) Spittelau–Dättwil 🚂 🚌 15 Min.
b) Spittelau–Fislisbach 🚌 35 Min.
c) Rüsler–Neuenhof Brücke–Wettingen 🚂 🚌 50 Min.
d) Abzw. nördl. Sennhof–Remetschwil 🚌 25 Min.
e) Widenhau–Dietikon 🚂 🚌 1 Std. 30 Min.
f) Heitersberghöhe–Bellikon 🚌 30 Min.
g) Heitersberghöhe–Kindhausen 🚌 35 Min.
h) Hasenberg–Dietikon 🚂 🚌 1 Std. 20 Min.
i) Hasenberg–Rudolfstetten 🚂 30 Min.
j) Hasenberg–Berikon–Widen 🚂 🚌 30 Min.
k) Hasenberg–Kindhausen 🚌 45 Min.

43 Muri–Oberschongau–Reinach

Vom Freiamt über den aussichtsreichen Lindenberg an den Hallwilersee und über das Breitholz ins Wynental.

Route	Höhe in m	Hinweg	Rückweg
Muri 🚂 🚌	458	–	4 Std. 35 Min.
Buttwil	642	50 Min.	4 Std.
Oberschongau	744	2 Std.	2 Std. 55 Min.
Aesch	468	3 Std.	1 Std. 35 Min.
Mosen 🚂	458	3 Std. 25 Min.	1 Std. 5 Min.
Reinach 🚂 🚌	523	4 Std. 30 Min.	–

Von der Westseite des Bahnhofs *Muri* (S.129) über den Nordklosterrain hinauf und links durch die Marktstrasse an der Klosterkirche vorbei ins Dorfzentrum. Durch die Seetalstrasse und die Vorderweystrasse gelangen wir nach der Brücke über den Sörikerbach zur Weyermühle, einem markanten Fachwerkbau mit der Jahrzahl 1647 über dem Türbogen auf der Westseite. Nun noch kurz auf der Asphaltstrasse bis zur Kurve und anschliessend etwas steiler auf einem Fussweg, der bei einem Bildstock in ein Feldsträsschen einmündet. Die Hauptstrasse querend und weiter aufsteigend erreichen wir das Chilenfeld. Der Blick weitet sich auf Muri, den Hauptort des Oberfreiamtes, auf das Bünztal und hinüber bis zur Albiskette. Nach der Geländeverflachung Wiederaufstieg zum Gehölz im westlichen Hang und weiter geradeaus bis zu den ersten Häusern von *Buttwil.* Wir folgen der Dorfstrasse nach rechts und halten in der Nähe der 1666 erbauten und heute unter Denkmalschutz stehenden Jakobus-Kapelle links. Zum Teil auf Fusswegverbindungen gelangen wir auf die Westseite des Dorfes und zum weiteren Aufstieg. Dieser führt an einem Wäldchen vorbei und über die Nordabgrenzung des Flugplatzes zur Zufahrtsstrasse, der wir auf 100 m nach rechts folgen. Nun in den Wald, über einen Steg und einen Pfad zur Waldstrasse am

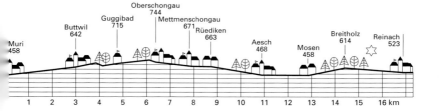

**Wasser zieht Wanderfreunde an.
Besonders attraktiv sind Routen, die
unmittelbar dem ruhig plätschernden oder
zielstrebig eilenden Wasser entlang
verlaufen. Uferwege sind im Aargau
besonders häufig anzutreffen.**

Wissenbach hinunter. Beim Waldaustritt links halten, zum Badwäld aufsteigen, nach rechts dem Waldrand entlang und an zwei Häusern vorbei zur Verbindungsstrasse Muri–Schongau. Vor dem Weitermarsch geniessen wir nochmals die weite Aussicht über das Freiamt gegen das Zür biet, das Zugerland und zu den Alpen.
Der Wanderweg folgt beim Gasthof Guggibad noch kurz der Strasse, verlässt diese nach rechts, überschreitet die Kantonsgrenze und zieht dem Waldrand entlang über Luu aufwärts. Eintritt in den Tannwald und nochmals leichter Aufstieg zum höchsten Punkt unserer Wanderung auf 780 m. Nach dem Verlassen des Waldes auf dem breiten Rücken des Lindenbergs erblicken wir *Oberschongau* mit der alten Kirche und jenseits des Seetals die Hügelzüge der Erlosen und des Hombergs und den Stierenberg.
Urkundlich wird die Kirche von Oberschongau erstmals 1036 erwähnt. Grössere Bauetappen für Erweiterungen fallen in die Jahre um 1500 und 1700. Es lohnt sich, der Kirche einen Besuch abzustatten. Durch Kippvorrichtung in der linken Bodenseite werden Mauerreste eines römischen Gutsbetriebes und des ursprünglichen romanischen Kirchenschiffes sichtbar. Sofern die Türe geschlossen ist, können die Schlüssel im nahen Restaurant St. Ulrich verlangt werden. Neben der Kirche steht das im Jahr 1609 erbaute Pfarrhaus.
Von der Nordseite von Oberschongau führt unser Weg über die Hauptstrasse und auf 500 m ebenhin in westlicher Richtung zum Waldstreifen, biegt hier im rechten Winkel nach Süden ab und mündet nach weiteren 450 m in die Hauptstrasse von Mettmenschongau, auf der wir bis kurz oberhalb des Restaurants «Kreuz» absteigen. Ein schönes, altes Bauernhaus von 1786 steht 120 m unterhalb des Gasthofes.
Beim Brunnen mit dem sechseckigen Trog zweigt die Wanderroute nach Süden ab, führt an der Post vorbei und auf einem bequemen Fussweg ebenhin zum Weiler Rüediken. Nun rechts, in westlicher Richtung an der Kapelle vorbei und auf der Südseite des Chüeweidtobels allmählich absteigen. Nach dem etwas steileren Wegstück durch den Waldabschnitt Bui stehen wir bei

Birg über dem Dorf *Aesch* LU und der weiten Ebene des Seetals. Der Abstieg endet am Vorderbach, der aus dem Gitzitobel herabfliesst. Wir überqueren die Hauptstrasse und erreichen im westlichen Dorfteil die Hallwilersee-Uferroute. Dieser folgen wir über den Vorderbach in südlicher Richtung und halten nach 350 m rechts gegen die Längmatt. Beim Regenbecken Aesch wie auch bei der isoliert stehenden Liegenschaft den Weg links benützen. Kurz nach der Überschreitung des Aabachs folgt der Weg dem Seeufer bis zur Schiffstation Mosen.
Nach links abbiegend durchschreiten wir den Campingplatz und überqueren die nahe Hauptstrasse und die Geleise der Seetallinie südlich vom Bahnhof *Mosen*. Der Aufstieg über den Westhang des Seetals beginnt beim Gasthof «Kreuz». Bis zur ersten Kurve wird die nach Schwarzenbach führende Strasse benützt. Lohnende Aussicht auf den See und den langgezogenen Lindenberg. Wir benützen den Feldweg nach rechts, der an einem Bauernhaus vorbei in den nahen Wald führt. Nach einem etwas steilen Abschnitt den Bach überqueren und nach 40 m den Weg links einschlagen. Weiter durch den Beinwiler Wald aufsteigen und gut auf die Zwischenmarkierung achten. Über der Weggabelung mit den drei Eichen und nach dem Wiedereintritt in den Kanton Aargau wird beim Breitholz Pt. 614 der Kulminationspunkt zwischen See- und Wynental erreicht. Nach 80 m in westlicher Richtung halten wir rechts und gelangen durch das Waldgebiet Ischlag zum Sonnenberg Pt. 597.9. Umfassende Aussicht auf die Oberwynentaler Agglomeration mit den Dörfern Reinach, Menziken, Burg und Pfeffikon sowie auf den Stierenberg, die höchste Erhebung im Aargauer Mittelland.
Nach Nordwesten absteigend zur Kirche Reinach, im Jahre 1529 als erster reformierter Sakralbau im bernischen Hoheitsgebiet erbaut. Weiter in gleicher Richtung erreichen wir unser Endziel, die WSB-Station und die nahe Bus-Haltestelle SBB Reinach Unterdorf.
Vom Sonnenberg führt ein weiterer, zuerst etwas steiler Abstieg in westlicher Richtung ins Zentrum von Reinach zur Bus-Haltestelle SBB und zur Haltestelle Lindenplatz der WSB. Hier das markante Gebäude des Grossen Schneggen (ehemalige Untervogtei, erbaut 1583) und etwas weiter südlich der Kleine Schneggen, erbaut 1688, der als regionales Museum dient.

Abzweigungen
a) Oberschongau–Sarmenstorf 🚌 1 Std. 25 Min.
b) Aesch–Schloss Hallwil 🚌 2 Std. 10 Min.
c) Mosen 🚌–Beinwil a. See 🚌 1 Std.
d) Breitholz–Menziken 🚌 30 Min.

44 Muri–Jonen–Affoltern a. A.

Vom Freiamt quer durch das Reusstal ins zürcherische Amt Affoltern a. A.

Route	Höhe in m	Hinweg	Rückweg
Muri	458	–	3 Std. 20 Min.
Althäusern	418	40 Min.	2 Std. 35 Min.
Brücke Werd	383	1 Std. 05 Min.	2 Std. 05 Min.
Jonen	398	1 Std. 40 Min.	1 Std. 35 Min.
Kapelle Jonental	434	2 Std. 05 Min.	1 Std. 15 Min.
Zwillikon	467	2 Std. 55 Min.	30 Min.
Affoltern a. A.	494	3 Std. 25 Min.	–

Im Bahnhof *Muri* (S.129) benützen wir die Unterführung Richtung Nordosten und gehen entlang der Sportanlage Brühl zum Dorfteil Egg. Auf dem Trottoir nach links. Moderne Schulanlage. Angenehmer Wanderweg durch den Wald Chlauswinkel (St.-Barbara-Bildstock sowie markantes Reservoir aus dem Jahre 1975 mit Brunnen und Rastplatz). Beim Waldaustritt Aussicht ins Reusstal, auf Hasenberg, Berikon, Oberwil, Unter- und Oberlunkhofen, Jonen, Albiskette mit Felsenegg. Im Oberdorf altes Haus mit Sodbrunnen. Auf Teerstrasse zum Weiler *Althäusern,* der zur Gemeinde Aristau gehört. Kurzes Stück auf der Hauptstrasse und diese nach rechts verlassen. Hier steigen wir zur ehemaligen Büelmüli ab. 1363 kaufte Rudolf Megger von Aesch LU vom Kloster Muri die Büelmüli. Entlang des Binnenkanals erreichen wir die *Brücke Werd* über die Reuss. Auf der gegenüberliegenden Seite des Kanals Naturschutzgebiet. Wir überschreiten die Brücke Werd und benützen den Dammweg reussaufwärts bis zur Einmündung des Jonenbaches.

Links am Wanderweg grössere Gärtnerei. Die Quartierstrasse durch das Unterdorf führt fast parallel zum Bach nach der Postauto-Haltestelle *Jonen.* Südlichste Ortschaft des Kelleramtes. Alemannische Grabfunde. Grosser Dorfbrand im Jahre 1811. Die Pfarrkirche wurde 1804–1808 neu gebaut und mit farbenfrohen Barockaltären ausgestattet. Spätgotischer Kruzifixus

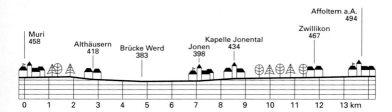

mit offensichtlich später eingesetztem Christushaupt. Friedhofkreuz von 1849 in dichter Abfolge religiöser Symbole, Leidenswerkzeuge und Gestirne. Gediegene Dorfpartie mit der 1665 erbauten und 1773/74 erweiterten Obermühle. Teerstrasse mit wenig Verkehr bis zum Weiler Obschlagen. Bei der Mühle gab es früher eine Tabakstampfe, und 1750 wurde eine Öltrotte erbaut. In leichter Steigung gelangen wir auf einem Fussweg, der an einem Naturschutzweiher vorbeiführt, zur *Kapelle Jonental* (Wallfahrtskapelle). Über die Anfänge des abseits gelegenen Marienheiligtums weiss bloss die Legende zu berichten. 1521 erstmals erwähnt, 1621 neu gebaut, 1734 erneuert. Spätbarocker Hochaltar mit Gnadenbild aus dem 16. Jh. Südlich der Umfassungsmauer Pilgerbrunnen von 1735.
Der Jonenbach wird auf einer Brücke überquert, anschliessend steiler Aufstieg. Vor Erreichen der Höhe zweigen wir links ab, können aber auch ab hier einen kurzen Abstecher nach dem Holzkreuz und dem Forsthaus mit Rastplatz und Brunnen unternehmen. Dann folgt der Abstieg in einen sehr romantischen Talabschnitt, Wald und Wiesen wechseln rasch ab. Die Hänge sind ausgesprochen steil. Nach der Kantonsgrenze Aargau/Zürich überschreiten wir eine gedeckte Holzbrücke. Nach dem Waldaustritt Festbelag. Rechts von unserem Weg folgt eine stillgelegte Kehrichtverbrennungsanlage, und schon ist der Weiler *Zwillikon* erreicht. Hier gründete 1827 J. Stocker von Rossau bei Mettmenstetten die Baumwollspinnerei, wohl die älteste des Bezirkes Affoltern a. A. Dadurch wurden viele Heimarbeiter brotlos. Nach 1926 wurde die Fabrik stillgelegt und zu einer Weberei umgebaut, die später ebenfalls aufgehoben wurde. Heute ist dort ein chemischer Betrieb beheimatet.
Auf geteerten Nebenstrasschen mit leichter Steigung über sanfte Hügel und Wohnquartiere erreichen wir unser Ziel *Affoltern a. A.* Die Bahnlinie Zürich–Affoltern a. A. ist 1864 eröffnet worden und war die ursprüngliche Zufahrt von Zürich zum Gotthard, bevor die Linie über Thalwil–Sihlbrugg in Betrieb genommen wurde.
Ein 1876 errichteter Obelisk in der Grünanlage unmittelbar beim Bahnhof erinnert an den Bauernaufstand von 1804, der nach dem Gefecht bei Bokken ob Horgen «Bockenkrieg» genannt wird. Das Märtyrer-Denkmal trägt die Namen der vier Volksführer, die sich gegen das aristokratische Regiment der Mediationszeit erhoben hatten und 1804 hingerichtet wurden: Hans Jakob Willi, J. Schneebeli, Heinrich Häberling und Jakob Kleiner.

Lohnenswerte Rundwanderungen

besonders geeignet für Automobilisten
(alphabetisch geordnet nach dem Ausgangspunkt)

Bänkerjoch–Wasserflue–Hinterfeld–Fischbach–Bänkerjoch	2 h 30
Biberstein (Aarebrücke)–Gatter–Gisliflue–Veltheimerberg–Wildegg–Aareuferweg–Biberstein (Aarebrücke)	3 h 55
Brugg–Schloss Habsburg–Schinznach-Bad Bhf.–Bad Schinznach–Aareuferweg–Brugg	3 h 5
Ennetbaden (Postauto-Hst. Schützenhaus bzw. Parkplatz Sunnenberg)–Lägeren Burghorn–Abstieg Richtung Wettingen–Schartenfels–Ennetbaden	3 h 45
Felsenau (westl. Koblenz)–Rheinuferweg–Full–Schwaderloch–Wandflue–Bossenhus–Siebenwegen–Kraftwerk–Felsenau	5 h 10
Gebenstorf–Gebenstorfer Horn–Baldegg–Birmenstorf–Reussuferweg–Gebenstorf	3 h 35
Hasenberg–Heitersberghöhe–Widenhau–Egelsee–Hasenberg	1 h 35
Koblenz Dorf–Acheberg–Klingnau–Döttingen–Aareuferweg–Kraftwerk–Koblenz Dorf	3 h 45
Lenzburg Feufweier–Esterliturm–Sigismüli–Lenzburg Feufweier	1 h 35
Murgenthal–Riken–Langholz–Weiergut–Abzw. Schäfmoos–Abzw. Balzenwil–St. Urban–Murgenthal	5 h
Obererlinsbach (Bus Hst.+Parkplatz Hard)–Cholwald–Wasserflue–Hard–Ramsflue–Bus-Hst. + Parkplatz Hard	2 h 5
Rheinfelden Schiffacker–Sunnenberg–Abstieg Richtung Zeiningen–Kymshof–Rheinfelden Schiffacker	3 h 5
Rheinfelden–Weid ob Olsberg–Kaiseraugst Rheinuferweg–Rheinfelden	3 h 40
Rottenschwil Brücke–linker Reussuferweg–Hermetschwil–Kraftwerk–Dominilochsteg–rechter Reussuferweg–Flachsee–Brücke Rottenschwil	2 h 50
Schinznach-Bad–Chärnenberg–Schloss Wildegg–Wildegg–Aareufer–Schinznach-Bad	2 h 55
Schloss Wildegg–Möriken–Schloss Brunegg–Chestenberg–Schloss Wildegg	2 h 40
Schöftland–Böhler–Hohliebi–Schlossrued–Bänkelloch–Schöftland	3 h 30
Villigen–Rne. Besserstein–Geissberg Chameren–Rotberg–Villigen	3 h 20
Wittnau–Buschberg–Tiersteinberg–Rne. Tierstein–Rne. Homberg–Wittnau	3 h
Zetzwil–Homberg–Seeberg–Zetzwil	1 h 50
Zofingen–Bünenberg–Rottannen–Linden–Heiterenplatz–Zofingen	3 h
Zurzach–Ober-Baldingen–Althau–Mülibach–Rekingen–Zurzach	5 h 35

Aarau

Der Raum von Aarau war bereits in vorrömischer Zeit besiedelt. Auch Römer und Alemannen hinterliessen hier ihre Spuren. Schon vor der Stadtgründung durch die Kyburger um 1250 errichteten die Grafen von Lenzburg zum Schutz des Aareüberganges einen festen Turm, das heutige *Schlössli*. Es gilt als das kraftvollste Beispiel der Findlingsbauten im Aargau. Heute Stadtmuseum. Aarau war 1798 vorübergehend Landeshauptstadt der Helvetischen Republik; seither Kantonshauptstadt.

Guterhaltene *Altstadt: Rathaus* mit eingebautem Turm Rore aus der Zeit der Stadtgründung; *reformierte Stadtkirche* 1471–1478, dreischiffige, flachgedeckte Basilika mit Lettner (Glasgemälde von Felix Hoffmann und Roland Guignard); *Oberer Turm*, Stadtwahrzeichen mit Unterbau um 1270; *Altstadtgassen* mit Giebelhäusern und Erkern; *Vordere und Hintere Vorstadt*; *Regierungsgebäude* 1811–1824; *Grossratsgebäude* 1826–1828, Hauptwerk des Klassizismus im Aargau; *Laurenzenvorstadt*, einheitliche klassizistische Wohnhäuserzeile des geplanten Regierungsviertels für die Hauptstadt der Helvetischen Republik; *Obere Mühle* am westlichen Ende der Bahnhofstrasse, spätgotisch-frühbarock, um 1600.

Aarburg

Die *Festung*, die heute als Erziehungsanstalt dient, ist im Kern (Bergfried und Palas) hochmittelalterlich; gegen Süden wurde 1621 ein frühbarocker Wohntrakt angebaut. 1415–1798 war Schloss Aarburg bernischer Landvogteisitz. Das eigentliche Städtchen auf der Nordseite des Festungshügels bildet mit seinen zwei Häuserseiten ein offenes Dreieck, das sich zwischen Burgfelsen und Aare zwängt und bis zum grossen Brand von 1840 auch auf der Nordseite geschlossen war. Sehenswert sind unter anderem das *Museumsgebäude*, 1750 als Pfarrhaus erbaut, das viergeschossige *Rathaus*, das «*Winkel*»-*Gebäude*, früher Eckpfeiler der Stadtbefestigung, der *Gasthof «Bären»*, die hoch am Festungshügel gelegene neugotische *reformierte Stadtkirche*, die *alte Post*, das älteste Bauwerk beim Brückenkopf. Lohnend ist auch der Besuch der Vorstadt auf der Südseite der Festung und der seeartigen Erweiterung des Aarelaufs vor dem rechtwinkligen Abbiegen des Flusses am Eingang zur typischen Juraklus. Hier befand sich ehemals der Flusshafen, die sogenannte *Waage*.

Augusta Raurica (Kaiseraugst und Augst, siehe S. 131)

Kastellmauer, 1951–1963 umfassende Restaurierung der römischen Kastellmauer zwischen West- und Südtor; *frühchristliche Kirche mit Baptisterium*. Die frühchristliche Kirche bestand mehrere Jahrhunderte, bis diese im 10. oder 11. Jh. durch einen kleineren Bau ersetzt wurde. *Thermen in Kaisersaugst*. Beim Bau eines Kindergartens wurden die Thermen ausgegraben; 1975 konserviert. *Gewerbehaus Schmidmatt*. Restaurierte Überreste, durch ein Schutzhaus überdacht, welches besucht werden kann. *Ziegelbrennöfen in der Liebrüti*. Die Anlage kann durch das Begehen ausserhalb des Pavillons in instruktiver Weise besichtigt werden. *Töpferei an der Venusstrasse*. *Amphitheater*, ab 1982 umfassende Freilegungs- und Konservierungsarbeiten. *Heiligtum in der Grienmatt*; *Schönbühltempel*, in der Westachse des Theaters, 145 n. Chr. erbaut an Stelle einer gallo-römischen Anlage mit Tempeln, Säulenhof und Freitreppe. *Szenisches Theater*, erbaut 120–150 n. Chr., vorübergehend auch Amphitheater, Überreste von 3 Bauperioden; *Taberne mit Backofen,* beim szenischen Theater; *Römermuseum.* Erbaut 1954/55 als Nachbildung eines römischen Hauses; zahlreiche Funde aus Augst und Kaiseraugst. *Hauptforum mit Jupitertempel, Basilika und Curia.* Das Forum war die zentrale öffentliche Anlage der römischen Stadt. Hier standen die wichtigsten Verwaltungs- und Versammlungsgebäude der städtischen Behörden.

Baden

Römischer Vicus Aquae Helveticae, gegründet um 20 n. Chr. Nach der Zerstörung von 69 n. Chr. blühende Siedlung bis in die Mitte des 3. Jh. im Zusammenhang mit den Thermalquellen. Alter Markt- und Brückenort, 1298 erstmals als Stadt bezeugt.
Malerische Altstadt: Stadttor, markanter spätgotischer Torturm; *Kirchhofplatz; spätgotische Stadtkirche Mariä Himmelfahrt und hl. Damian,* 1624–1875 Chorherrenstift; *Sebastianskapelle,* ehemaliges Beinhaus, doppelgeschossige, spätgotische Anlage; *Stadthaus,* mit ehemaligem Tagsatzungssaal. *Schlossruine Stein.* Ausgedehnte ehemalige Wehranlage, 1415 zerstört, 1658–1670 Ausbau zum Bollwerk auf Veranlassung der Katholischen Orte. Nach dem 2. Villmergerkrieg (1712) von Zürchern und Bernern geschleift. *Bedeutende historische Bürgerhäuser; Holzbrücke,* erbaut 1809; *Landvogteischloss* mit historischem Museum; urgeschichtliche und römische Sammlung, Mobiliar aus dem 17.–19. Jh., kirchliche Kunstwerke. Reformierte Kirche, Details s. Route 22; *Schweiz. Kindermuseum;* Kesselquelle, Details s. Route 22; *technisches Museum im Kraftwerk Kappelerhof.*

Bremgarten

Guterhaltene mittelalterliche Kleinstadt mit zahlreichen Kunstdenkmälern. 1140 erstmals urkundlich erwähnt, 1256 Verleihung des Stadtrechtes durch Rudolf von Habsburg, den späteren König.
Spittelturm, das Wahrzeichen von Bremgarten, am östlichen Stadteingang 1556–1559 erbaut; *Meiss- oder Katzenturm,* südöstlicher Eckwehrbau an der Reussletzi; *ehemaliges Zeughaus,* 1640/41 neu gebaut; *Schlössli,* bedeutendstes Bürgerhaus von Bremgarten, in habsburgischer Zeit Verwaltungssitz; *Stadtkirche St. Nikolaus,* 1252 erstmals erwähnt, barocker Hochaltar; *Muttergotteskapelle,* erbaut 1409, mit spätgotischen Fresken, welche 1957/58 freigelegt wurden; *St.-Anna-Kapelle,* an der Nordostecke erkerartiger Schrein mit plastischer Ölberggruppe; *Hexenturm,* im Jahre 1415 erstmals erwähnt, in der westlichen Unterstadt über dem Reussufer; *St.-Klara-Kapelle,* im Jahre 1625 erbaut mit marmorierter Holzfelderdecke; *Kessel- oder Hermansturm,* 1407 erbaut in der Nordwestecke der Unterstadtmauer als Gegenstück zum Hexenturm; *Rathaus,* straffer, klassizistischer Bürgerbau; *Reussbrücke,* 1281 früheste urkundliche Erwähnung mit 2 erkerartigen Fachwerkkapellchen; *Bollhaus,* Wehrbau aus dem 16. Jh. als Flankenschutz der Reussbrücke; *Kirche* des ehemaligen Kapuzinerklosters (Kinderhaus St. Josef), eine der besterhaltenen Kapuzinerkirchen der Schweiz; *Muri-Amthof* (Privatbesitz), 1546–1548 erbaut, ehemaliger Amthof des Klosters Muri. Zahlreiche alte Häuser und sehenswerte Gassen.

Brugg/Windisch

Die typische Brückensiedlung wurde um 1200 von den Habsburgern bei einem schon in römischer Zeit benutzten Aareübergang gegründet und erhielt 1284 das Stadtrecht.
In der guterhaltenen *Altstadt: Schwarzer Turm* am rechten Brückenkopf, schon vor

der Stadtgründung errichtet, daran angebaut das spätgotische *ehemalige Rathaus; Hauptgasse* mit Bürgerhäusern, Sterbehaus von Johann Heinrich Pestalozzi. *Hofstatt.* Ursprünglich habsburgische Residenz. Einziger Platz in der Altstadt mit obrigkeitlichen Lagerbauten aus bernischer Zeit: ehemaliges Zeughaus, heute Heimatmuseum, ehemaliges Salzhaus und ehemaliges Kornhaus. *Reformierte Stadtkirche,* Kombination von gotischen (1479–1518) und barocken (1738–1740) Bauteilen. An der Kirche angebaut das *Lateinschulhaus,* Fassade mit «humanistischer Monumentalmalerei»; Reste der *Stadtmauer* mit Archivturm, Storchenturm, Farbturm in der Vorstadt am linken Aareufer; *prächtige Brunnen; Vindonissa-Museum* (s. unten) am Rande der Altstadt.

In der Umgebung auf Wanderwegen von Brugg aus erreichbar: *Schlössli Altenburg* am Aareknie oberhalb Brugg, Jugendherberge, spätgotisches Turmhaus mit spätrömischem Bauteil; *Bad Schinznach; Habsburg* (s. Route 31).

In *Windisch:* Überreste des *römischen Legionslagers Vindonissa; Amphitheater Vindonissa,* grösste römische Theaterruine der Schweiz; *Kloster Königsfelden,* von den Habsburgern zum Gedenken an die Ermordung von König Albrecht errichtetes Doppelkloster (Franziskaner und Klarissinnen). Später Sitz einer bernischen Landvogtei. Besonders sehenswert ehemalige *Klosterkirche,* kürzlich vom Kanton Aargau restauriert, mit grossartigem Glasgemäldezyklus aus dem 14. Jh. von europäischem Rang.

Frick
Im Jahre 1973 konnte im Abbaugebiet der Tonwerke Keller AG im oberen Keuper Überreste eines wasserbewohnenden Plateosauriers gefunden werden (Alter zirka 195 Millionen Jahre). Am Fusse des Kirchhügels gegen Nordosten stand ein grösserer römischer Gebäudekomplex, welcher erstmals 1843 teilweise freigelegt wurde. Anlässlich der Ausgrabungen in der Pfarrkirche (1974) kamen mehrere Ziegel mit dem Stempel der im 4. Jh. in Kaiseraugst stationierten Legion I Martia zum Vorschein. Die römisch-katholische Pfarrkirche stammt aus dem Jahre 1716. Der blau-schwarze marmorierte Hochaltar soll nach alter Überlieferung eine Schenkung von Kaiserin Maria Theresia sein. In der Friedhofkapelle lebensgrosse Kreuzigungsgruppe, ein Hauptwerk der Barockplastik im Aargau.

Gelterkinden
Der Dorfplatz mit Kilchrain und Kirchhügel gehört zu den beachtlichsten Dorfbildern des Kantons Basel-Landschaft. Die *reformierte Pfarrkirche* wurde 1245 erwähnt. Vorgängerbau aus dem 9.–11. Jh., Turm z. T. aus Tuffsteinquadern. Im Chor spätgotischer Wandbilderzyklus vom Ende des 15. Jh.
Weitere Sehenswürdigkeiten: *Pfarrhaus* unterhalb der Kirche; *Gerichtsgebäude,* erbaut 16. Jh.; *Dorfplatzbrunnen* mit achteckigem Trog; Schulgasse Nr. 3, *Bürgerhaus* von 1547.

Laufenburg
Die Ufer beidseits des Rheins werden durch steile Wände des Schwarzwaldkristallins (vor allem Gneise) gebildet. Ihre Verbindung unter dem Wasser bildete vor dem Aufstau des Kraftwerkes (1908) die Stromschnellen von Laufenburg. Die Aufschlüsse entlang dem Rhein verdienen, sowohl als Zeugen des kristallinen Grundgebirges wie auch als Element der ehemaligen Schlucht und der Stromschnellen erhalten zu bleiben. Sie sind zusammen mit dem Schlossberg von Laufenburg von nationaler Bedeutung. Habsburgische Gründung durch Ru-

dolf II. um 1207. Von der mächtigen Feste der Habsburger auf dem Hügel, vermutlich anstelle eines römischen Wachtturms, ist nur der Bergfried aus dem 12. Jh. als Schlossruine erhalten und bildet das Wahrzeichen der Stadt. Laufenburg hat 1985 für die Bestrebungen des Ortsbildschutzes den Wakkerpreis erhalten.
Katholische Stadtkirche St. Johannes Baptist, vermutlich durch das Kloster Säckingen gestiftet, Neubau im 15. Jh., 1750–1753 barockisiert; *Beinhauskapelle* mit Kassettendecke; *Gerichtsgebäude,* erbaut 1525 und 1771 barokkisiert; *Rathaus,* um 1600 erbaut als städtisches Spital; *Wasenturm* an der Strasse nach Basel, rechteckiger Torbau mit Glockentürmchen; *Schwertlisturm,* schlanker quadratischer Wehrbau in der südwestlichen Ecke der Wasenvorstadt mit Flacheisenfigur. Der Schwertträger symbolisiert die Gerichtsbarkeit. *Pulverturm,* halbrunder Wehrturm östlich der Kirche; *Haus zum Schiff* mit Museum; romantische Gassen mit sehenswerten Häusern, markante Plätze und grosse Brunnentröge.

Lenzburg

Der Raum von Lenzburg war schon in prähistorischer Zeit besiedelt (über die römische Zeit s. Route 37). Die Gegend war auch im frühen Mittelalter bewohnt. Im 13. Jh. gründeten die Kyburger die städtische Marktsiedelung. Sie erhielt 1306 von den Habsburgern das Stadtrecht.
Schloss Lenzburg: Bedeutendste Burganlage des Aargaus. 1036 erstmals urkundlich erwähnt als Stammsitz der Grafen von Lenzburg, dann habsburgisches Verwaltungszentrum und bernischer Landvogteisitz, anschliessend längere Zeit Privatbesitz. 1956 vom Kanton Aargau und der Gemeinde Lenzburg erworben und mustergültig restauriert. Beherbergt die Kantonale Historische Sammlung und im Stapferhaus die von einer Stiftung betreute «aargauische und schweizerische Stätte der menschlichen Begegnung und der geistigen Auseinandersetzung».
Altstadt: Die mittelalterlichen Strukturen haben sich weitgehend erhalten. Besonders beachtenswert die Rathausgasse als Einkaufszentrum mit dem Rathaus aus dem 17. Jh. (Rixheimer Tapete im 2. Stock) sowie die exzentrisch am Rande der Altstadt liegende reformierte Stadtkirche aus dem 17. Jh. Die Stadt Lenzburg war erst im 16. Jh. von der Urpfarrei Staufberg losgetrennt worden.
Alte und neue Burghalde am südwestlichen Fuss des Schlossberges. Künstlerisch wertvollste Baugruppe von Lenzburg. Die alte Burghalde beherbergt die Schausammlungen «Ur- und Frühgeschichte der Region Lenzburg-Seetal» und die «Stadtgeschichte 9.–20. Jh.». Der im Eigentum der Ortsbürgergemeinde stehende klassizistische Neubau dient repräsentativen Zwecken.
Ein Gang durch die Altstadt und deren Umfeld führt an zahlreichen im öffentlichen Eigentum stehenden Bauten, Bürgerhäusern, Villen, Gasthöfen und prächtigen Brunnen vorbei.

Liestal

Kantonshauptstadt von Basel-Landschaft. Froburgische Gründung Mitte des 13. Jh. In der sehenswerten Altstadt empfehlen wir folgende Besichtigungen: *Oberes Tor,* schlanker Torturm am südlichen Stadteingang; *Thomasturm,* erbaut 1509; *Rathaus* mit Fassadenmalereien; *Olsbergerhof,* erbaut 1571 als Refugium des Klosters Olsberg; *reformierte Stadtkirche,* aufgebaut auf römischen Grundmauern; *Pfarrhaus,* erbaut 1743; *Geburtshaus des Dichters Joseph Viktor*

Widmann; ehemaliges Zeughaus aus dem 17. Jh. mit modern gestaltetem Kantonsmuseum. Wer noch genügend Zeit zur Verfügung hat, kann am nordwestlichen Stadtrand die Anlage des *römischen Gutshofes Munzach* besuchen.

Mellingen

Ehemalige Siedlung im lenzburgischen Besitz, unter den Kyburgern zur Stadt erhoben. 1242 erstmals als solche genannt. Heute noch guterhaltene Stadtanlage. *Stadtkirche St. Johann Baptist.* Von der mittelalterlichen Anlage ist der Chorturm von 1523 mit Käsbissen erhalten. Frühbarockes Chorgestühl, spätklassizistische Altäre und Kanzel. Im gewölbten Erdgeschoss des heute frei stehenden Turmes Taufkapelle mit spätgotischen Fresken und Sakramentshäuschen von 1583. Gemeisseltes Hauptportal von 1675, Türflügel mit figürlich-ornamentalen Schnitzereien. *Iberg,* Rittersitz des Spätmittelalters; *Sust,* einstige Güterhalle zur Zeit des Schiffsverkehrs; *Herberge,* ehemalige städtische Herberge, Baudatum 1541 (mit Stadtwappen und Drudenstern oder Drudenfuss). Der Drudenstern zeigte den Handwerksburschen und Wandergesellen an, dass es da umsonst Unterkunft und Verpflegung gab. *Lenzburgertor oder Zeitglockenturm,* erbaut 1544–1547; *Hexenturm,* Eckpunkt der Ringmauer, zylinderförmiger Rundturm aus dem 14. Jh., 1951 restauriert; *Reussstor* bei der Reussbrücke, spätgotisches Torhaus; *ehemaliges Rathaus* mit Jahrzahl 1536, Kern des Hauses aus dem 12. oder 13. Jh.; *Johannesbrunnen,* geschaffen 1835.

Kloster Muri

Ehemaliges Benediktinerkloster; frühhabsburgische Gründung 1027. Wiederholt gebrandschatzt und in neuer Pracht wiederhergestellt. Aufhebung 1841 und Übersiedlung des Konvents nach Gries bei Bozen.

Die unter Bundesschutz stehende Klosterkirche gilt als repräsentativstes Beispiel eines barockisierten mittelalterlichen Sakralbaus in der Schweiz. Äusseres klar gegliedert, aus verschiedenen Stilepochen. Hochbarocker, reich ausgestatteter Innenraum; Kreuzgang mit berühmten Renaissance-Glasmalereien. Führung durch die Klosteranlage mit Familiengruft des Hauses Habsburg, Sakristei, Klostermuseum usw. nach telefonischer Vereinbarung.

Rheinfelden

Sehenswerte Altstadt. Stadtgründung im Jahre 1130 durch die Zähringer, 1218 freie Reichsstadt. 1449 kam sie zu Vorderösterreich (d. h. zum habsburgischen Landbesitz im südwestdeutschen Raum) und 1803 mit dem Fricktal als Teil des neugeschaffenen Kantons Aargau an die Eidgenossenschaft. Die Saline wurde 1942 stillgelegt, und an ihre Stelle trat Riburg. Das Salz befindet sich in ungefähr 200 m Tiefe. Bekanntes Kurzentrum und Solbad.

Als erste Industrie siedelte sich die Brauerei Salmenbräu (1799) an, die in der Folge des Beitritts zur Sibra Holding (1971) ihren Firmen- und Markennamen auf Cardinal umänderte, eine Zigarrenfabrik (1841) sowie die Brauerei Feldschlösschen (1875).

Christkatholische Stadtkirche St. Martin vom 12./13. Jh., barockisierter Innenraum, Chorgitter von 1789, Chorgestühl aus dem 18. Jh.; *Obertorturm,* schlanker Rechteckturm mit mittelalterlichem Unterbau am südlichen Stadteingang; *Storchennest- oder Kupferturm* am östlichen Stadteingang; *Messer- oder Diebsturm* am Rheinufer; *Johanniterkapelle,* erbaut 1456/57, spätgotische Anlage mit Käsbissenturm. Die qualitätsvollen Fresken (Schongauer-Schule von 1490) zeigen das Jüngste Gericht. *Rathaus*, Neubau nach Brand von 1531, im Hof verzierte Freitreppe; *Fricktaler Museum* mit regional-historischer Sammlung; zahlreiche sehenswerte Brunnen und alte Häuser.

Kloster Wettingen

Gestiftet 1227 als Tochtergründung von Salem durch Heinrich von Rapperswil. Besterhaltenes Zisterzienserkloster der Schweiz, das von der Gesamtanlage des 13. Jh. alle Elemente bewahrt hat. In der barockisierten Kirche berühmtes Chorgestühl mit Spätrenaissance-Schnitzereien. Gotischer Kreuzgang mit reichhaltigstem Scheibenzyklus der Schweiz. Kirche geweiht 1256. Erste Blütezeit bis Mitte des 14. Jh. Während der Reformation vorübergehend aufgehoben. Klosteraufhebung 1841, Übersiedlung des Konvents nach Mehrerau bei Bregenz; seit 1847 Lehrerseminar.

Zofingen

In der zweiten Hälfte des 12. Jh. Stadtgründung durch die Grafen von Froburg. Nach einheitlichem Plan gebaute Anlage mit Überresten der mittelalterlichen Ringmauer.
Römische Mosaiken in Schutzbauten beim «Römerbad». Die römische Villa wurde um die Mitte des 1. Jh. n. Chr. erbaut und im 3. Jh. zerstört. *Niklaus-Thut-Platz*; *Niklaus-Thut-Brunnen*, errichtet 1893/94; *Stadtkirche*, in romanisch-gotischem Stil erbaut, Ende 12. Jh. bis 1528 Chorherrenstift St. Mauritius; *Rathaus*, erbaut von Niklaus Emanuel Ringier 1792–1795; *Pulverturm* an der Südostecke der ehemaligen Ringmauer, als Wahrzeichen der Stadt im 14. Jh. erbaut; *Strecke- oder Folterturm* (westlicher Stadteingang), halbrunder Quaderbau aus der Zeit um 1760; *zahlreiche sehenswerte, guterhaltene Bürgerhäuser*; *Museum*, ur- und frühgeschichtliche Funde lokaler Herkunft, historische Sammlung.

Zurzach

Der Marktflecken Zurzach am Rhein stand seit 1415 unter eidgenössischer Hoheit der Gemeinen Herrschaften. Schon die Römer hatten in Tenedo, wie Zurzach damals hiess, eine Brücke über den Rhein geschlagen. Im Bereich des römischen Doppelkastells sind die Spuren einer frühchristlichen Kirche mit Taufbecken gefunden worden. Unter dem gotischen Chor des *Verena-Münsters* findet sich das Grab der hl. Verena, die nach der Überlieferung mit der Thebäischen Legion über St-Maurice und Solothurn (mit den Heiligen Urs und Victor) bis ins untere Aaretal kam, wo sie als Helferin der Armen und Kranken bis heute verehrt wird.

Zurzach liegt an einer alten Nord-Süd-Handelsroute zur Innerschweiz und auf einer strategischen Achse, die auf die Helvetier zurückgeht. Der neue Thermalkurort lädt mit seinen vielseitigen Kur- und Badeanlagen zum Verweilen und zur Erholung ein. Es lohnen sich ausserdem Blicke ins *Gasthaus zur Waag* (1679) als besterhaltenes Zurzacher Messehaus und in die 1717 von Matthias Vogel erbaute *reformierte Kirche*; die achteckige Queranlage ist ein wichtiges Werk des protestantischen Kirchenbaus.

Messe-Museum, August Deusser Museum.

▶ **Lageplan der römischen Baurelikte bei Kaiseraugst und Augst (Route 14, vgl. auch S. 125).**

Kaiseraugst und Augst

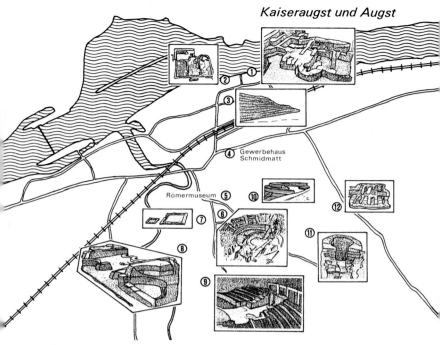

① **Frühchristliche Kirche mit Baptisterium**
Die frühchristliche Kirche bestand mehrere Jahrhunderte, bis diese im 10. oder 11. Jh durch einen kleineren Bau ersetzt wurde.

② **Thermen in Kaiseraugst**
Beim Bau des Kindergartens wurden die Thermen ausgegraben. 1975 konserviert.

③ **Kastellmauer**
Von 1951–1963 umfassende Restaurierung der römischen Kastellmauer zwischen West- und Südtor.

④ **Gewerbehaus Schmidmatt**
Restaurierte Überreste durch ein Schutzhaus überdacht, welches besucht werden kann.

⑤ **Römermuseum**
Erbaut 1954–55 als Nachbildung eines römischen Hauses, zahlreiche Funde aus Augst und Kaiseraugst.

⑥ **Szenisches Theater**
Erbaut 120–150 n. Chr., vorübergehend auch Amphitheater, Überreste von 3 Bauperioden

⑦ **Schönbühltempel**
In der Westentasche des Theaters 145 n. Chr. erbaut an Stelle von gallo-römischen Tempeln, Säulenhof und Freitreppe

⑧ **Heiligtum in der Grienmatt**

Weitere Sehenswürdigkeiten
Grabrotunde (Grabmonument)
Röm. Haustierpark,
Geschichtspfad, Wasserleitung

⑩ **Amphitheater**
Ab 1982 umfassende Freilegungs- und Konservierungsarbeiten

⑪ **Hauptforum mit Jupitertempel, Basilika und Curia**
Das Forum war die zentrale öffentliche Anlage der römischen Stadt. Hier waren die wichtigsten Verwaltungs- und Versammlungsgebäude der städtischen Behörden.

⑫ **Töpferei an der Venusstrasse**

⑬ **Ziegelbrennöfen in der Liebrüti**
Die Anlage kann durch das Begehen ausserhalb des Pavillons in instruktiver Weise besichtigt werden

Touristische Informationen

Verkehrsmittel
Der Aargau verfügt über ein dichtes Bahn- und Busnetz. Die beschriebenen Routen sind so gewählt, dass Ausgangs- und Endpunkt fast durchwegs mit dem öffentlichen Verkehrsmittel direkt erreichbar sind. Signalisierte Abzweigungen vermitteln ebenfalls den Anschluss an das öffentliche Verkehrsnetz. Zusätzliche Informationen enthält die

Aargauer Wanderkarte
1994 Neuausgabe der Aargauer Wanderkarte mit Bahn- und Busnetz. Dank der Darstellung der Routen-Schemen der Agglomerationsverkehrsbetriebe und der kartografischen Darstellung aller Haltestellen des öffentlichen Verkehrs auf der Karte können die Wanderungen gut vorbereitet und Varianten einkalkuliert werden.

Auskunftsstellen
Aargauer Wanderwege, Geschäftsstelle c/o René Lehner, Im Grüt 10, 8902 Urdorf
Verkehrsbüros Aarau, Baden, Bremgarten, Brugg, Laufenburg, Lenzburg, Muri, Rheinfelden, Bad Schinznach, Suhr, Wettingen, Wohlen, Zofingen, Zurzach
Verkehrsverband Fricktal
Verkehrsverband See- und Oberwynental
Lokale Verkehrsvereine

▶ **An der äussersten Nordostecke des Kantons liegt das Städtchen Kaiserstuhl, wo viele Gebäude unter Denkmalschutz stehen. Es hat seinen mittelalterlichen Charakter im Kern vollständig bewahrt. Am oberen Stadteingang steht der wuchtige Obere Turm, das Wahrzeichen des Ortes (Route 2).**

Register

Die Zahlen geben die Routennummern an; die Seitenzahlen verweisen auf heimatkundliche Anmerkungen.

Aarau 3, 10, 11, 27, 34, S. 125
Aarburg 27, S. 125
Aaresteg 3, 10
Acheberg 22, 25
Affoltern a. A. 44
Alpenrosen 26
Althau 26
Alpenzeiger 10
Althäusern 7, 44
Ammeribuck 22
Aesch LU 5, 43
Augst S. 125, 126, 131
Augusta Raurica S. 125, 131

Baden 9, 22, 23, 24, 42, S. 126
Bad Schinznach 3
Baldingen (Ober-) 26
Balzenwil 29
Bänkelloch 33
Bänkerjoch 11, 12
Barmelhof 10
Barz Fähre 2
Beinwil am See 5
Belchenblick 13
Besserstein 21
Bettwil 39
Beznau Steg 4
Biberstein Brücke 3
Birr 37
Birrmatt 12
Birrwil 5
Böhler Hochwacht 36
Bottenstein Rne. 30
Bottenwil 30
Breitenberg 34, 36
Breitholz 43
Bremgarten 6, 7, 8, 40, 42, S. 126
Brugg 3, 4, 19, 20, 31, S. 126, 127
Brugg Aarebrücke 4
Bruggerberg 4
Brunegg 32, 37
Brunegg Schloss 32, 37
Büblikon 32
Bürerhorn Abzw. 21
Bürersteig 21
Buschberg 17
Busslingen 41
Buttwil 43

Chalch Ob 31
Chanzel 35
Charren 33
Chestenberg 32
Chilchberg 29
Chillholz 19

Delphin 5
Dielsdorf 24
Dietikon 41
Dietikon Brücke 9
Dominilochsteg 7, 8
Döttingen Brücke 4
Döttingen-Klingnau Bhf 25
Dürrenäsch 34

Ebnet 38
Ebnihof Badweg 22
Egelsee 41
Egghalde 12
Endingen 22
Eichberg 38
Engelberg 27
Ennetbaden 22, 23
Europabrücke 9

Farnsburg 16
Fenchrüti 30
Feufweier 38
Fischbach bei Bremgarten 40
Fischbach bei Küttigen 11
Fisibach 23
Frick 11, 16, 17, S. 127
Froburg Abzw. 12

Galgen 15
Gatter 18
Geissberg Chameren 21
Geissflue 12
Geisshof 33
Gelterkinden 10, 15, 16, S. 127
Giebenach Abzw. 14
Gisliflue 18
Glanzenberg Abzw. 9
Gnadental Brücke 6
Gönert 34
Gränichen 34
Grod (Freiamt) 39
Grod SO 27
Guggibad 43

Habsburg Dorf 31, 37
Habsburg Schloss 31, 37
Hägglingen 40
Halde 35
Hallwil Schloss 5, 38, 39
Hänenmösli 39

Hasenberg bei Aarau 27
Hasenberg (Heitersberg) 42
Hauenstein 12
Heitereplatz 30
Heitersberghöhe 42
Hellikon 16
Hersberg 13
Hertenstein 22
Herzberg-Hof 12
Höchi 15
Höchweid 35
Höhtal 23
Holzrüti 41
Homberg Hochwacht 34
Horben 39
Hörndli 26

Jonen 44
Jonental Kapelle 44
Junkerschloss 16
Junkholz 11

Kaiseraugst 14, S. 125, 126, 131
Kaiserstuhl 23
Kaiserstuhl Brücke 2
Killwangen Brücke 9
Kindhausen 41
Kirchbözberg 20
Klingnau Kraftwerk 4
Klingnau Stadt 25
Kloster Fahr 9
Koblenz Bhf. 2, 4, 22
Koblenz Dorf 2, 22
Königsfelden Kloster S. 127
Küngoldingen 28
Küttigen 11

Lägeren Burghorn 24
Lägeren Hochwacht 24
Laubberg 21
Laufenburg 20 S. 127, 128
Lauterbach 28
Lenzburg 36, 37, 38, S. 128
Leutschenberg 12
Liebegg Schloss 36
Liebrüti 14
Liestal 13, S. 128, 129
Linn 19
Linnerberg 19

Magden 14
Maisprach 15
Meiengrüen 40
Mellikon Rheinufer 2

Register

Mellingen 6, 32, 41, S. 129
Mettmenschongau 43
Mosen 5, 43
Mühlau Brücke 8
Mumpf Abzw. Bhf. 1
Mumpf Fähre 1
Muri 7, 43, 44, S. 129
Murzlen 23, 26

Neuenhof Brücke 9
Niederweningen Bhf. 26
Niederweningen Kirche 23
Niederwil 40
Nützikon 33

Oberbözberg 20
Oberengstringen Brücke 9
Obererlinsbach 10
Oberschongau 39, 43
Olsberg Stift 13
Olten 28
Oltingen 10
Ottenbach Brücke 8

Pfeffikon Mühle 35

Rappertshüseren 1
Refental 36
Regensberg 24
Rehhag 33
Reinach 34, 43
Reinach Lindenplatz 35
Reinach Unterdorf 33
Rekingen Rheinufer 2
Remetschwil 41
Rheinfelden 1, 13, 15, S. 129, 130
Rickenbach Brücke 8
Römisches Theater 37
Rosmaregg 10
Rottenschwil Brücke 7, 8
Rüediken 43
Rümikon-Mellikon Bhf. 2
Rümikon Rheinufer 2

Rupperswil Brücke 3
Rüsler Abzw. 42
Rütihof 23
Ryburg – Schwörstadt Kraftwerk 1

Salhau 40
Salhöhe 12
Sälischlössli 28
St. Urban 29
Sarmenstorf 39
Schafmatt 10, 12
Schartenfels 24
Schiltwald 33
Schinberg 20
Schinznach-Bad Abzw. Bhf. 3
Schlatt 39
Schleifenberg 13
Schneisingen 26
Schöftland 30, 33, 36
Schüliberg 23
Schupfart 16
Seengen 38
Seerose 5
Sennhof Ob. 29
Sennhütten 20
Siben Zwingstein 34
Sins Bhf. 8
Sins Brücke 8
Staffelegg 12, 18, 19
Spittelau 42
Staufen 36
Stein-Säckingen Bhf 1
Sterenberg Vorder 35
Stilli 4
Stockmatt 11
Strengelbach 29
Stübisberg 30
Suhr 34
Suhremündung 3
Suhrerchopf 34
Sulz Fähre 6
Sulzerberg 20
Sunnenberg 15

Tann Pt. 502 27
Tegerfelden 22
Teufenthal 36
Tierstein Rne. 17
Trostburg 36
Tüfels-Challer 42

Unterendingen 22
Unterengstringen Brücke 9

Veltheimerberg 18
Vier Linden 19
Villigen 21
Vorder Rein 4

Waldhusen 23
Wallbach 1
Wampfle 34
Wannenhof 36
Wartburg Rne. 28
Wartburghöf 27, 28
Wasserflue 12
Weiach-Kaiserstuhl Bhf. 2
Weid 14
Wenslingen 10
Werd Brücke 7, 8, 44
Wettingen 9, S. 130
Widen 42
Wil 21
Wildegg 18, 31, 32
Wildegg Brücke 3
Wildegg Schloss 31, 32
Windisch S. 126, 127
Wittnau 17
Wittnauer Horn 17
Wolberg 16

Zofingen 28, 29, 30, S. 130
Zürich Hardturm 9
Zurzach 25, 26, S. 130
Zurzach Rheinufer 2
Zwillikon 44

Wanderbücher

Bern
- 3060 Berner Wanderrouten
- 3062 Berner Jura
- 3082 Jura bernois (f)
- 3063 Oberaargau–Bucheggberg
- 3064 Seeland
- 3065 Emmental
- 3066 Bern–Gantrisch–Schwarzenburgerland
- 3067 Thunersee
- 3068 Brienzersee–Oberhasli
- 3069 Jungfrau-Region
- 3081 Jungfrau-Region (e)
- 3070 Frutigland
- 3071 Simmental–Diemtigtal
- 3072 Saanenland
- 3073 Passrouten
- 3080 Mit dem Bäre Abi zum Wanderweg

Graubünden
- 3601 Surselva/Bündner Oberland
- 3602 Hinterrheintäler–Misox
- 3603 Lenzerheide–Oberhalbstein–Albula
- 3604 Arosa–Chur–Bündner Herrschaft
- 3605 Landschaft Davos–Prättigau
- 3606 Unterengadin
- 3607 Oberengadin
- 3608 Bergell
- 3609 Puschlav
- 3610 Engadina/Engadine (i/f)
- 3611* Engadine (e)

Wallis
- 3621 Aletsch–Goms–Brig–Simplon
- 3622 Leukerbad–Lötschental
- 3623 Visp–Zermatt–Saas Fee–Grächen
- 3624* Val d'Anniviers– Val d'Hérens–Montana (d)
- 3625* Val d'Anniviers– Val d'Hérens–Montana (f)
- 3626 Dents du Midi–Grand-St-Bernard–Les Diablerets (d)
- 3627* Dents du Midi–Grand-St-Bernard–Les Diablerets (f)

Tessin
- 3641 Lugano
- 3642 Locarno
- 3643 Tre Valli, Leventina–Blenio–Riviera
- 3644 Ticino/Tessin (i/f)

Westschweiz
- 3651 Jura (d)
- 3652 Jura (f)
- 3653 Freiburgerland (d)
- 3654 Pays de Fribourg (f)
- 3655 Jura vaudois (f)
- 3656 Est du Pays de Vaud (f)
- 3657 Neuchâtel (f)

Nordwestschweiz
- 3661 Regio Basel
- 3662 Solothurn
- 3663 Aargau

Ostschweiz
- 3671 St. Gallen–Appenzell–Liechtenstein
- 3672 Toggenburg–Churfirsten–St. Galler Oberland
- 3673 Glarnerland

Zentralschweiz
- 3681 Luzern–Pilatus–Rigi
- 3682 Hochdorf–Sursee–Willisau
- 3683 Entlebuch
- 3684 Obwalden–Engelberg
- 3685 Nidwalden
- 3686 Uri
- 3687 Schwyz
- 3688 Vierwaldstättersee

Durchgehende Routen
- 3401 Alpenpassroute
- 3402 Gotthardroute
- 3403 Mittellandroute
- 3404 Rhein-Rhone-Route
- 3405 Hochrheinroute
- 3406 Alpenrandroute
- 3407 Basel-Sion-Route
- 3408 Schwarzwald-Veltlin-Route
- 3409 Porrentruy–Grand-St-Bernard
- 3410 Jurahöhenwege (d)
- 3411 Chemins des crêtes du Jura (f)

Rundwanderungen
- 3180 Mittelland–Jura
- 3181 Berner Oberland
- 3182 Graubünden
- 3183 Wallis
- 3190 Valais (f)
- 3184 Tessin
- 3185 Westschweiz
- 3191 Pays Romand (f)
- 3186 Nordwestschweiz
- 3187 Ostschweiz
- 3188 Zentralschweiz
- 3189 Zürcherland

Wanderkarten

Bern
- 0801 Jura bernois–Seeland
- 0802 Emmental–Oberaargau
- 0803 Berner Mittelland
- 0804 Jungfrau-Region–Oberhasli
- 0805 Saanenland–Simmental–Frutigland

Graubünden
- 0811 Surselva
- 0812 Hinterrheintäler–Misox
- 0813 Prättigau–Albula
- 0814 Unterengadin
- 0815 Oberengadin

Wallis
- 0821 Aletsch–Goms–Brig–Simplon
- 0822 Visp–Zermatt–Saas Fee–Grächen
- 0823 Val d'Anniviers–Val d'Hérens–Montana
- 0824 Dents du Midi–Grand-St-Bernard–Les Diablerets

Tessin
- 0831 Tessin/Sopraceneri
- 0832 Tessin/Sottoceneri

Westschweiz
- 0841 Fribourg–Gruyère–Lausanne–Yverdon

Nordwestschweiz
- 0851 Solothurn

Ostschweiz
- 0861 Schaffhausen–Winterthur
- 0862 Zürich
- 0863 Thurgau–Bodensee
- 0864 St. Gallen–Toggenburg–Appenzellerland
- 0865 Glarnerland/Walensee

Zentralschweiz
- 0871 Luzern, Ob- und Nidwalden
- 0872 Schwyz–Zug, Vierwaldstättersee
- 0873 Uri

Jura
- 0881 Aargau–Basel-Stadt–Basel-Land–Olten
- 0882 Delémont–Porrentruy–Biel/Bienne–Solothurn
- 0883 Chasseral–Neuchâtel–Val de Travers–Ste-Croix
- 0884 Lausanne–La Côte–St-Cergue–Vallée de Joux

Holiday maps

- 0901 Berner Oberland 1: 120 000
- 0902 Graubünden 1: 120 000
- 0903 Wallis 1: 120 000
- 0904 Tessin 1: 120 000

MTB-Führer

- 3301 BIKE-Erlebnis Schweiz Band 1
- 3302 BIKE-Erlebnis Schweiz Band 2

Velokarten

- 0501 Schaffhausen–Winterthur
- 0502 Zürich
- 0503 Bodensee–Thurgau
- 0504 St. Gallen–Appenzell
- 0505 Zug–Schwyz–Uri–Glarus
- 0506 Berner Oberland
- 0507 Basel–Aargau
- 0508 Luzern, Ob- und Nidwalden
- 0509 Oberaargau–Biel, Solothurn
- 0510 Bern–Thun–Fribourg, Emmental
- 0511 Franches-Montagnes, Ajoie–Laufental
- 0512 Neuchâtel–Pontarlier, Trois Lacs
- 0513 Lausanne–Vallée de Joux
- 0514 Lausanne–Bulle–Fribourg
- 0515 Genève
- 0516 Lugano–Bellinzona–Locarno–Varese
- 0517 Sargans–Chur–Domleschg
- 0531 Schweiz/Suisse/Svizzera 1: 275 000

* in Vorbereitung

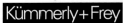